文學叢刊

王昭慶著

美夢成真

文史哲出版社印行

國家圖書館出版品預行編目資料

美夢成真 / 王昭慶著. -- 初版. -- 臺北市：文史哲, 民 94

面 ： 公分. --（文學叢刊；172）

ISBN 957-549-613-2 (平裝)

855　　94009012

文學叢刊 172

美夢成眞

著者：王昭慶
出版者：文史哲出版社
http://www.lapen.com.tw
登記證字號：行政院新聞局版臺業字五三三七號
發行人：彭正雄
發行所：文史哲出版社
印刷者：文史哲出版社
臺北市羅斯福路一段七十二巷四號
郵政劃撥帳號：一六一八〇一七五
電話886-2-23511028 · 傳真886-2-23965656

實價新臺幣三六〇元

中華民國九十四年（2005）八月初版

ISBN 957-549-613-2

蕭序

本中心志工團前團長王昭慶，雖未達老人福利法所稱之老人（年滿六十五歲），卻於十八年前（民國七十六年）出版散文『溫馨集』，年値十一歲（國小五年級）時就在台灣新生報南部版發表此生處女作『父親』一文。

觀其一生，除奉獻於軍中後勤生產製造、補給任務外，由於年幼即喜愛寫作，民國七十一年榮獲此生第一座獎項之殊榮（聯勤總部第十八屆文藝金駝獎報導文學類銅駝獎）。爾後信心大增，開啓了這一生一連串利用閒暇之餘寫作的歷程，近二十年來，得過十五個不同類型的獎項，近年來（民國八十二年軍旅生活退伍後），由於對國家、社會有一份責任心與愛心，更於各大平面媒體發表無數的短文論述，深獲讀者熱烈迴響，個人於民國八十六年認識王兄後，亦成爲其創作之最佳讀者。其爲鼓勵民衆（尤其是長輩）終生學習，於各機關、學校或社區帶讀書會，期待現代化社會能成爲一個無暴力、無污染的祥和書香社會。

本書命名爲『美夢成眞』，他期待每一位民衆在一生數十年中皆能有夢，且逐夢踏實，方不致終其一生而遺憾、飲恨或懊惱。此書分爲八篇，從內而外的呈現方式，由對家屬的『親情』，進而對社會或國家之『感懷』；由談各自的內部『生活』、『回憶』與『健康』，進而擴展至外部的『萬象』、『旅遊』、與『學習』。其各大篇中又有數十篇不等的短文論述，幾乎是篇篇精彩。

在『親情』的第一篇『老公獎學金』一文中，我們可瞭解作者的『用心』與『愛心』，同時是鼓勵民衆終生學習，在現實開放的社會中，只要自己有心向學，自己的爲未來不是夢；在『感懷』的『我的退休生涯規劃』一文中，我們可體認到，只要退休（伍）前或退休（伍）後能做一妥善的生涯規劃，下半生竟然可如此充實且快樂的過活，而非是晚輩（子媳或孫子女）眼中的垃圾、無價値的人，有可能成爲家中生產者或是快樂之泉源；在『學習』的『共享閱讀樂趣，拉近親子距離』一文中，發現在現代（e世代）親子關係緊繃的時刻中，其實家長稍微用點心，親情即能拉的更近，另於『我的第二個家——圖書館』一文中，個人心有戚戚焉，有如再回憶我數十年來學習的心路歷程，若沒有高雄市圖書館總館或各分館提供良好的閱讀學習環境，就沒有今天的蕭誠佑，能在本市服務我們的『資深國民——長輩或老人』；在『生活』的『消防訓練不可疏忽』一文中提醒我們，『人生無常』與『沒有永遠的安全』，換言之，即是各機關、學校、大廈或公寓平時就必須做好例行性各種安全檢修，且每位員工、教職員或住戶需熟悉各項救火器具之操作方法，如此方能於第一時間將火源熄滅，將損害降至最低。在『健康』的『日跳三百，精力無窮』一文中，告訴我們活動活動，人要活就要動，唯有藉由活動讓身心達到最佳境界，人生活著才有意義；在『旅遊』的『小心破財』一文中，提醒我們出外旅遊，不論國內、外，要『小心謹愼』，勿『貪小便宜』，要『財不露白』，以免受騙、破財。

本書係一位即將邁入法定老人之人生閱歷、生活經驗與心得，不但是現代化高齡者學習的標竿，更是年輕人學習的榜樣。當你拜讀了此本佳作，人生定當有不同的體會與改變，甚至你將發現其實人生下半輩子亦可過得如此暇意與快活。再次提醒你，爲了你後半人生希由灰暗變爲多采多姿，活著更有尊嚴、活著很快樂、活著非常健康，請務必閱讀本書，念頭一轉，人生將充滿喜樂。

高雄市政府社會局長青綜合服務中心主任 **蕭誠佑** 於九十四年七月十三日

「美夢成真」自序一

有人說：出書像生孩子一樣不容易，沒有親身經歷過的，無法瞭解其中的甘苦。的的確確，我也曾遭遇到這種痛苦，由於我擁有最好的家庭團隊，雖有挫折，但在全家通力合作，排除萬難下，終於使這本書能夠順利「生產」，因此，要特別感謝內子繼春、女兒宇卉及兒子宇安的大力協助，他們幫我出點子、編目錄、找插圖、排列整理文章順序等，減少了我許多煩惱。我將這本書命名爲「美夢成眞」，主要目的，就是希望以書中第一篇「老公獎學金」的故事，來鼓勵家人及讀者，只要「人生有夢，築夢踏實」，進而確定目標，堅定信念，遇困難絕不退卻，就能像內子一樣，以五十歲之齡，照樣拿到博士學位。本書共分爲八篇，分別是「親情」、「感懷」、「生活」、「回憶」、「健康」、「萬象」、「旅遊」、「學習」等，都是我平日得獎或是在各大報所刊登的作品，如今全部彙整起來，在我耳順之年出版，算是爲我的人生留下一個紀念，如果能給讀者一些收穫，那會讓我更加喜出望外。

民國九十一年七月一日　王昭慶謹記

「美夢成真」自序二

「美夢成眞」終於要出版了，從民國九十一年七月一日開始寫「自序一」，直到現在已經是三年多，要不是小女宇卉歸寧，眞不知道還會拖到何時！如今，除了慶祝宇卉與亞力結婚外，更是希望能趕得上送給出席婚宴貴賓一份禮物。同時本書能夠出版，眞要誠摯感謝高雄市政府社會局長青綜合服務中心蕭主任誠佑，以及文史哲出版社老闆彭正雄先生的鼓勵。蕭主任不但替「美夢成眞」寫序，還大力推荐本書，實在愧不敢當。認識蕭主任，是在民國八十六年長青綜合服務中心開館時，那時他擔任秘書，而筆者則在圖書室擔任志工，經過多次接觸，發覺與他頻道相似，此次當他看完「美夢成眞」後，告訴我：「我們眞的頻道相同」。從他對「我的第二個家——圖書館」的心有戚戚，甚至於說出：沒有高雄市立圖書總館或各分館，提供良好的閱讀學習環境，就沒有今天的蕭誠佑。而我也有相同感受，沒有高市圖，也沒有我王昭慶，圖書館讓我終身學習及成長，豐富了我的生命，這與蕭主任的頻道是相通的。從與蕭主任相處中，發覺他是一位謙謙君子，學識豐富，爲人厚道，是值得學習的一位長官。在他擔任長青中心主任後，還撥出時間來聽長輩們「發牢騷」，可見他的「耐工」，讓筆者十分佩服。而認識彭正雄先生，是因他替高雄市文藝協會出版的「南方的和紘」，該書印刷精美，內容可讀性高，受到我的注意，與他在電話中多次談交，發現他誠懇務實，值得信賴，便決定拜託他出版，相信會讓讀者您滿意。未來只要讀者喜歡，雖然對我是一項挑戰，但第三、四本書仍將會陸續出現，請拭目以待。

王昭慶寫於高雄海棠颱風後雨夜　九十四年七月二十日

作者結婚20周年時之全家福

內子繼春獲博士學位時，筆者獻花留影。

64.9.3 榮獲國軍克難英雄時，與當時廠長胡世華將軍合照。

作者與 44 年畢業於獅甲國小同班同學合影
「獅甲老同學們」

作者於比利時「尿尿小童」前留影

女兒宇卉、兒子宇安陪岳母赴日本旅遊時合照

作者夫婦於比利時布魯塞爾原子塔前合影

丹麥童話作家安徒生銅像

作者夫婦於巴黎凱旋門前合影

作者夫婦於加拿大洛磯山脈冰原合影

美夢成真 目錄

感懷篇

生活篇

回憶篇

健康篇

萬象篇

旅遊篇

學習篇

親情篇

老公獎學金——支持太座實現留學夢

四十六歲的媽媽決定遠赴重洋一圓讀書夢，已經夠難得了；先生更是充作煮夫、書僮，幫助老婆成爲護理博士，他自己呢！也得到太座頒發的榮銜「完美的丈夫」……

用「人生有夢，逐夢踏實」這句話來形容內子，是再恰當不過了。今年是內子與我結婚二十五周年的銀婚紀念，也正好是她在半百之日拿到美國護理博士學位的日子，這種「三合一」的喜慶，都得歸功於內子「一步一腳印，努力圓夢」的結果。

遠渡重洋中年圓夢

民國八十二年，我自軍中退伍後，由於享有退休俸且生活無虞，再加上當時兩個孩子都住校，生活及學業都不用我們多擔心；在大學教書的內子，於是計畫赴國外攻讀博士學位，她徵求我及孩子的意見時，我們毫不猶豫地答應了。

然而，岳母她老人家問了內子：「你放心先生一人在家？」內子很乾脆地說：「他要出軌，我在家時，早就不安分了；何必等到我出國？」於是在全家投票贊成後，內子便開始了她的留學計畫：努力補習英文、準備托福考試，及申請美國學校等。花了一年多時間後，她決定赴美俄亥俄州克利夫蘭的凱斯西儲大學護理學院就讀。

八十四年七月，內子正式揮別台灣，踏上留學生涯之途，以四十六歲之齡，去當一個「老留學生」。她一向獨立，適應能力強，但或許因第一次留在人生地不熟的地方，打給我的第一通電話，就爲了孤單而哭泣了起來，眞令我想像不到。

忍受四年酸甜苦辣

如果爲了一解相思之苦，每天打越洋電話，實在太浪費，寫信又太慢。於是我們決定傳眞，每天晚上十一點後，我自台灣傳眞信件至美國，她在次晨八時前回信。這時段中的電話費只要半價。於是她讀書的酸甜苦辣，以及我如何做一個「妙管家」，便每天在你來我往的傳眞信函中盡情傾訴。

內子在所任教的學校服務雖然已經二十多年，離職時卻是停職停薪，而這所美國學校也只給大陸、非洲等國留學生獎學金，在沒有收入、又得繳學雜費及付生活費的狀況下，所幸「老公」我有退休俸，加上多年來的積蓄，一切還可以應付。因此，她總向同學戲稱，她拿的是「老公獎學金」。

四年來，她曾利用寒暑假回國，不只是想與家人相聚，也在醫院進行臨床研究，收集論文資料。每天與病人接觸，也爲手術後病人減輕疼痛。那段時間，雖然經常忙碌到深夜，但因病人都感激她的協助，也就不以爲苦了。

今年四月，爲了增加內子的助力，我飛往美國，當她的「家庭煮夫」及「書僮」。在她修改論文時，我每天下廚燒菜，使她使心無旁騖。當她要影印及裝訂大批論文資料時，我便做她的「書僮」，幫忙校對、影印及裝訂。使一切事情比預期中來得順利。

夫妻同享榮耀時刻

五月十三日是個輕風拂面，萬里無雲的好日子，我們兩人早上九點鐘便到達了考場，一切準備就緒後，開始先由內子以幻燈片做十五分鐘論文口頭報告，接著在她的指導教授古德博士（Dr. Marion Good）引言後，口試委員們便輪番上陣，每位專家從不同的觀點提出一個接著一個的問題，眞讓人難以招架，連我都爲她捏一把冷汗。但內子臉上一直保持著笑容，在傾聽後，仔細予以回答，她的幽默曾數度引起全場的爆笑聲，化解了緊張的考場氣氛，眞難能可貴。口試在上午十一時三十分正式結束。他們恭禧「金繼春博士」通過測驗，口試委員們也當著她的面，簽署認證書。

這一刻不只是內子的光榮，也是我的榮耀。內子及我由衷感謝所有曾經教過及幫助過她的人，五月十三日，眞是我們最快樂的一天。這正是「四年一覺美國夢，贏得護理博士歸」。一切的辛酸都化爲雲霧，拋諸於天空之中。

考試結束了，將論文做最後的修正，交給學校後，我們便打道回府，回到我們可愛的家鄉——高雄，結束我們漫長四年相思的歲月。

內子在她論文第一頁上如此寫著：首先，這本論文獻給我的家庭：我的丈夫——昭慶，也該獲得一個PHD的頭銜，那就是（Perfect Husband Demonstrator）（完美丈夫典範）。如果沒有他的鼓勵、幫助及支持，我的夢想是無法成眞的。我的孩子宇卉和宇安，不但能完全獨立，還給予我鼓勵。我祝福他們也能爲實踐自己的夢想而奮鬥不懈。我的父母、姊、弟永遠是我的支持者及後盾，願他們都能分享我的榮耀……。

（原載民國八八、十、三十一《聯合報》四十二版）

萬縷情絲e線牽

二十世紀的科技影響著人類的歷史，電腦則影響了我大半輩子。拜電腦發明之賜，使我認識了內子，開創了我美滿婚姻；尤其藉著「伊媚兒」傳送訊息，使我與親愛的家人始終心手相連。而今，電腦更豐富了我退休後的生活。

話說二十九年前，身爲軍人的我剛結束了一段戀情，那時候雖自金門奉調高雄，回到家人身旁，但仍然心情鬱卒。

無意間，在報紙上看到一則電腦配對的廣告。當時電腦還是個新鮮的玩意兒，在好奇心驅使下，我塡寫了個人資料後，便寄了出去，也不期望會有啥結果，誰知「無心挿柳柳成蔭」，近而認識了在台北T大任教的內子。在魚雁往返下，我們發覺彼此的興趣、思想與觀念頗爲相近；三個月後藉出差之便北上，終於見到可愛的她，自此難耐相思，從起初的一周一信，變成每日一信，甚至每個月都到臺北。由於當時沒有迅速便宜的「伊媚兒」，我倆每日收到的限時專送信函，只能傳遞兩天前的訊息，實在難耐相思之苦，也使我花了兩年的時間，才讓她覺得能夠放心地踏上紅毯。

既然電腦是我們的媒人，所以在個人電腦上市後，我們家立刻就購置了一台，開始進入了e世代。內子因教學及研究的需要，很快就自學了文書處理及統計軟體，成爲工作單位電腦高手之一。而兩個孩子則從遊戲入門，協助文書處理，到後來青出於藍，甚至教我們在網路搜尋資料，到寒暑假還從網路找到工讀的工作。

民國八十四年到八十八年，內子單身赴美攻讀博士學位的四年中，我們不再像戀愛時等待信件，每天用傳眞及「伊媚兒」，訴說彼此一天的生活及相思，彷彿不曾分隔兩地似的。目前女兒在台北工作，兒子在海軍官校就讀，有事打電話時，不只找不到人，也可能干擾對方作息，反而用「伊媚兒」連絡最方便呢！

我是全家最後學電腦的，以前在軍中工作忙碌，寫稿打字始終依賴家人，直到八年前退休後，才開始學習用電腦。

起初家人教我注音輸入法，但由於自己的國語不標準，又不熟悉鍵盤，打一個字要花上好幾分鐘，感到非常洩氣。後來女兒買了「小蒙田手寫輸入法」送我，才開始得心應手，每日可以打字投稿，作品也容易保留。如今我更學會看網路報紙，享受著「秀才不出門，能知天下事」的樂趣。

西哲白克曾說：「科學是一種前進的跑車。」這話如果應驗在我身上，再恰當不過了。從我的婚姻生活可以看到「科技美麗臺灣」的縮影，也證明唯有將科技融入生活，才不會被時代淘汰。

（原載九十、八、廿九《榮光副刊》四版）

如月之柔光

退休至今也有八年了，回想起這幾年，所以能夠過得很愉快，全拜良好的退休計劃所賜。

由於內子是大學教師，女兒就讀國立大學，兒子唸軍校，家中經濟根本不用我操心，也用不著再找工作。因此，我的退休計劃，大致分爲運動、讀書、寫作、旅遊、做志工幾項。這些年，一路走來始終如一，生活過得充實而快樂。

身體健康，才有本錢過生活，因此，退休第一件大事，便是天天運動。爲了配合內子的時間，我們每天晚飯後，去游泳，每次最少半小時。這習慣讓我每天精力充沛，很少生病，血壓也恢復正常。

讀書、寫作更是我的最愛，爲了發揮「獨樂樂不如衆樂樂」精神，我參加了讀書會，與大家分享讀書及寫作的快樂，尤其在討論中，更增加了我的智慧，就像西方哲人所說：生活是一種鍛鍊靈魂的東西。

再來，我也常與內子安排時間，到國內外旅遊，目前，臺、澎、金、馬，已玩得差不多，國外也走過二十多國，未來如能走遍世界所有國家，則此生無憾矣！畢竟，旅遊可增加見聞，開拓我們視野，使生活多采多姿，更値得晚年時回味。

最後一項，則是做志工，我目前在一家老人活動中心擔任志工，經常替白髮長者服務，看他們每一個人，幾乎都有「白髮於我，如月亮之柔光，在生命之夕，散佈銀白色光彩。」般可愛，使我更想親近他們，而願百分之一百的服務。

（原載民國九十、六、二十六日《中央副刊》十九版）

「大」教授「小」說迷

如果說內子是個怪胎，應該還不算太離譜。

在大學教了三十年的書，副教授也當了十幾年，曾經得過教育部最後一屆大專優良教師獎，也擔任過六年代理系主任；甚至以四十六歲之齡，拋夫別子，自費赴美去修博士學位，在五十歲學成歸國之後，雖有知名大學聘請她，也有學校請她去當系主任、研究所所長，都一概爲她婉拒。

她只想待在原校教課、做研究，有空時看看小說、電影，寒、暑假與我這老公出國遊山玩水，過個自由自在的教書生活。

由於孩子都已長大離家，家中只有咱老兩口了，除了白天上班，晚上沒事，便是看小說、吃零食的時間了。看著她一副悠閒自在的模樣，著實令人羨慕。

說起看小說的歷史，是她從小即養成的習慣；範圍無所不包，從武俠、偵探、科幻，一直到愛情，每天最少一本，多則兩三本，甚至連兒女在讀國小時，也跟著她到租書店租小說，這在許多家庭根本是項禁忌。所幸兩孩子並沒有因讀小說而荒廢功課，反而受到同學的羨慕。

內子看小說速度之快、效率之高，常令租書店老闆訝異，也因此而不斷引進新書；但每逢「空窗期」，則請老公我前往市立圖書館去借。想不到借回來的，大部分是她看過的書，不得不對她閱讀之廣，佩服不已。

有一天，見她小說看得夠多，心情不錯，與她閒聊，要她抽空努力寫論文，升個教務，每七年可有一年長假，赴海外講學兼旅遊，我也可陪伴遨遊世界，但且聽她怎麼說：「想得美喲！第一、升教授本來就不容易，第二、學校人少事繁，到現在沒看過休一年長假的，第三、系內教授人數少，升上教授，系主任、所長、院長一定跑不掉。你知道，行政非我專長及興趣！」如此冠冕堂皇的話，令我爲之語塞。

對於不圖名利，不愛頭銜，不喜做官的「怪怪另一半」，只有順其自然！不過，這小說迷，憑她的才學，卻是我心目中永遠的「大教授」。

（原載民國九十、十二、廿六《榮光副刊》第四版）

伴妳一生

妳已成爲我停泊的港灣，
妳認眞的呵護照顧，
使我內心深處飄著芬芳，
澄清湖畔，
倚欄杆，
妳情深意長，
我知道，
將與妳牽手共渡
生命的長廊，
我們將分享
所有喜樂與悲傷，
不管一生有幾次選擇，
終將託付給妳，

只希望，
伴妳一生，
未來的日子，
幸福美滿。

（原載八十三、十二、二十三《忠勤報》六版）

緣盡情未了

爸，就在刹那間我們的塵緣就此結束了？在醫院中我呼天喚地也搶不回您的生命。你的夢才圓了一半呢？六月二十四日上午九點半，接到電話立即趕到醫院，醫生告訴我：「你爸爸有生命危險！」時，我根本無法接受，立刻拜托他們急救，在繳完手續費後，醫生馬上進行手術，他在您前面額上每縫下一針，都痛入我的心扉，血汩汩的流，我的心也碎了。這位醫生不時問您：「痛嗎？」，我也一直在叫您：「爸，您忍著些！」其實您早已失去知覺，那裡聽得到？只是雙手、雙腳在抽動而已。縫完了二十二針，我流著淚水送您進入加護病房，祈求上蒼保佑您，天地何其不仁，十一點正，醫生發出病危通知單，雖然仍在進行急救，到了十一點五十分又叫我進去，林醫師一面電擊您的心臟、一想搖頭；十二點正，宣布您走向天堂，我的眼淚不聽指揮流了下來，我的心崩潰了……。

回憶去年九月，陪您去北京探親，在二位舅舅家中與您共睡一床，聽到您均勻的鼾聲，感到好安慰，記得小時候您抱著我入睡，那種溫馨至今猶存。

去北京探親，看您好快樂，在盧溝橋上數石獅子，從橋頭走到橋尾，一隻一隻的數，長華舅舅告訴您「這兒有一隻，那兒又有一隻」，您一邊數一邊笑得好開心，舅舅與我也跟著哈哈大笑。

去天壇公園，您與長榮舅舅在「聽音壁」前互相大叫名字，像小孩子般高興，那像一位八十四歲的老人？我們又陪您去八達嶺長城，您一步步往上爬，不少人對您投以羨慕的眼光，一位大陸女士還要求與您合照留念。您說：「不到長城非好漢！」您終於做了好漢。

想起這些點點滴滴，笑聲盪漾在耳邊，而人事卻全非。

在老家設的靈堂前，大哥提到他與大嫂每晚都替您切一盤水果，您總是吃得津津有味，現在大家望著供桌上的水果盤，不禁悲從中來。

照傑還憶起民國四十五年，他讀小學，經常叫後腦痛，當時醫學沒有今天發達，您不知從那兒打聽到有位董年生醫師，剛從美返國，醫術很好。每遇董醫師門診時，您就騎著腳踏車載他從君毅里到董醫師鹽埕區的診所，不論是大熱天或刮風下雨，從未間斷。看完病後，又載他去獅甲國小上課，每次來回約兩小時，從未聽您抱怨或嫌累過。大約經過兩年，他的病痛終於治好了，由於您的愛心，使他成績不斷進步，最後自臺大經濟系畢業時，您拍拍他的肩，露出欣慰的眼神，這是他一輩子都忘不了的事。

秋蘭是我們家唯一本省籍的媳婦，可是您待她如親生女兒，她哭著說：「您幾近完人，是我們全家人的榜樣，是我們心目中永遠凝聚的心燈。您在平凡中顯出不平凡，您樸實無華、和藹可親，使我們永難忘懷。您的子孫們沒有一個人會吝於對您的讚美。」

您走後，我們日日以淚洗面，難到眞是「樹欲靜而風不止，子欲養而不親不待」？安息吧！爸！塵世間緣分雖然盡了，但親子間的情是永難分開的。您留給我們的傳家箴言：「松柏老而健，芝蘭清且香。」將會傳給王家子孫世世代代。

（寫於八十三、六、二十四）

她不愛鋼琴愛口琴

在印象中，喜歡鋼琴的小孩是不會的變壞的，而且我也喜歡陶醉在鋼琴悠揚的旋律之中。因此，女兒讀國小時，保母的女兒便常帶著她練鋼琴。那時便在想，有朝一日女兒如果興趣濃厚，便買一架鋼琴，讓這小天使，用優美的音樂使我們變成「鋼琴家族」。無奈，雖經保母女兒多次調教，她總是興趣缺缺。以後，從國中、高中到大學，她一路走來，最愛的卻是口琴，而且有板有眼的多次代表學校演出。

天下的事勉強不得，父母喜愛的，孩子不一定喜歡，父母更不應將快樂建築在孩子的痛苦上。所幸我們都尊重子女的選擇。女兒雖然沒有選擇鋼琴，但我每天深夜，仍然用錄音機欣賞阿胥肯納吉用鋼琴演奏的蕭邦夜曲，享受著音樂的盛宴。

（原載八十五、七、十五《中國時報》人間副刊）

父母不必擔心太多

在一次讀書會聚會中，我談到女兒交往四五年的男朋友是飛機駕駛員，大家都好奇的問：「你們父母都不反對？」「這工作相當危險呢！」對這些問題，我一概輕鬆的回答：「女兒都不擔心，我還怕什麼？」

這句話，被有心的李小姐聽後謹記在心。

她家族裡一位遠房姊妹，與男友交往好幾年了，論及婚嫁時，這位姊妹的母親，以男方大女兒十歲，家又遠住在中部而反對。

李小姐在問清男女雙方感情沒有問題後，便將我女兒與男友的故事，以及我說的那句話，告訴她的親戚，並且加強語氣說：「他們當事人都不怕，做父母的又何必擔心太多？」

結果，促成了一段姻緣。

許多事情都是觀念在作祟，想通了，一念之間就會改變。我那一句話成就了一段好姻緣，讓我喜不自勝。

（原載八十八、八、二十四《聯合報》「家庭與婦女」版）

小女不會是潑出去的水

陳水扁總統的女兒陳幸妤昨日出嫁，為國人連日來鬱悶的心情，帶來一些喜氣，尤其陳幸妤將嫁粧費捐出來給災區，更帶給同胞絲絲溫暖。只是在陳幸妤要嫁出門前，陳水扁總統夫人吳淑珍女士，仍按照傳統禮俗對女兒潑水，表示「嫁出門的女兒潑出去的水」，而且還開玩笑的說：「不要回來分財產。」看到這場面，頗令人有些傷感。雖然這只是舊禮俗及玩笑話，但可看到傳統重男輕女的觀念，仍然深植在國人心中。

其實，看看現代許多家庭，大部分都是出嫁的女兒在照顧年老的父母，結婚後的兒子，反而讓父母「吃伙頭」，東奔西跑的苦不堪言，我們能忍心再說：「嫁出門的女兒潑出去的水？」其次，現代大多數女性都有一技之長，婚後也不會回家要求分財產，但如果父母眞有財產可分，卻不分給女兒，這對我們口口聲聲講求男女平等的社會，可說是一種諷刺，而且對女性也不公平。筆者覺得未來對女兒潑水的舊禮俗，是否可以省略？起碼在小女出嫁時，我會如此做。在兩性平等上，我們還有許多地方待努力，希望大家一起加油。

（原載九十、九、二十八《聯合報》十五版民意論壇）

「圓」盡情未了

家中曾經連續兩次遭竊，第一次是內子先回到家，第二次則是當時唸國小四年級的女兒先回到家，看見家中大門大開，室內一片混亂。嚇得立即跑去她母親教書的學校。女兒目睹此次家中「災難」後，一直心有餘悸，常怕壞人再來。於是內子提議養小狗，一方面可以防盜，另一方面也可與孩子做朋友。結果一隻剛出生毛絨絨的小土母狗來到我們家，由於她長得圓圓胖胖，十分可愛。我們便替牠取名「圓圓」。

有牠作伴，女兒懼怕壞人的心理減輕了許多。牠的乖巧、通人性，十分討孩子的歡心。女兒與兒子不但每天與牠「話家常」，只要有陌生人靠近他們倆，牠便像「保全」人員一樣，極盡保護之責，更重要的是，牠來我們家後，竊賊從此也沒有上過門，眞是「來福」呢！

圓圓與我們一起生活了八年之後，不知是不是緣分已盡，或是任務已經完成，在一天早晨，我將牠拴在前院後，便出門買牛肉罐頭，以慶祝牠的生日，殊不知回到家中時，只見狗鍊已脫，「狗」去樓空。霎時，我急著與內子到處尋找牠的下落。如此尋尋覓覓了半年，一切都成了泡影。我們全家都感到緣盡情未了，也常聽女兒在夢中叫著「圓圓」的名字呢，眞不知牠流浪何方？

（原載八十九、五、十二《聯合報》三十四版健康）

千古一知己

我想，以「千古一知己」來形容與妻的相互感覺，是再恰當不過了，二十四年來，我們生活甜蜜，往往一個眼神或一個小動作，就能傳達濃情蜜意。

妻原是千金大小姐，連一條手帕也不必洗，但嫁給我後，一切家務親自操持，雖然我也分擔家事，但她細皮嫩肉的手仍漸漸變黑變粗，讓我好心疼。但她卻說：「這是愛的標記，愛你們就要照顧你們，愛到深處無怨尤。」爲了體諒她，我們總是在禮拜天去買一星期的菜，而每天誰先下班誰就下廚，未下廚的就負責飯後洗清洗工作，周六或周日必家安排一餐外出上館，我們也可輕鬆一下。

妻是學護理的，她的「心理學」也不錯，每當我工作不如意時，能從我臉上看出心事，在她安慰及鼓勵下，心情又豁然開朗，能上班再打拚。妻知我、愛我之深，常令我有相見恨晚之感。每天下班都急著要回到溫暖的避風港及忘憂鄉。

民國八十二年，我自軍中退伍，她便提出留學計畫，希望能充實自己，在二個孩子均能自立的狀況下，我便成了「內在美」。二地相隔，我們每天用「傳眞」來寄相思情。由於她的努力，現在已是博士候選人，希望明年能有結果。

這些年來，我們同心協力克服成家立業的困難，一直信守家母在世時訓示我們的話「夫妻一條心，點石變成金」。一眨眼，已經共度二十四年的婚姻生活，我們倆早已互許來世再結緣，而且互換角色，相信更能體會彼此的感受，能情深意濃，讓愛之旅更長有甜蜜。

（原載八十七、九、十五《中國時報》人間副刊、第三版）
中時已結集成書——「航向愛情海」

生活在愛的陽光裡

八十多歲的岳母寡居後，顯得寂寞多了，平日除了與鄰居、老友玩玩「四健會」外，便是期待我們能常常回臺北。

我們家通常是在過年時，才會去臺北，平常都是利用出差開會時機，才能到臺北走一遭。內子參加了好幾個學會，甚至是學會刊物的編輯委員，一個月最少北上開一次會，最讓岳母開心；一個出嫁卅年的女兒，還能常常自高雄到臺北會面，眞不容易。

每次出發之前，我們都會打電話通知一聲。電話那頭立即傳來開時地詢問：「你們想吃什麼菜，告訴我？」我與女兒的答案當撫是「砂鍋魚頭」啦！

岳母做砂鍋魚頭，已有幾十年經驗，配料有火腿、粉皮、木耳、豆腐泡、蝦米等，手藝堪稱一流，尤其冬天吃過她親手做的「砂鍋魚頭」，感覺暖洋洋的，根本不想到外面飯館吃了。

內子與兒子則愛吃她滷的牛肉、烤肉、紅燒鴨，每次上臺北都是大快朵頤，眞是享受。當然，除了吃，更要陪陪老人家閒聊，在她溫暖的話語中，也獲得許多人生智慧。

岳母是位有心人，我們想吃什麼菜，只要點得出，她就有辦法做出來讓大伙吃個痛快。有人說：「生命最大的快樂便是愛。」我們一直生活在岳母「愛的陽光」裡，實在是幸福的一家人。

（原載九十四、三、十六榮光雙周刊）

海與風的對話

孫：請問您是在什麼時候寫下第一篇文章，開始有作品發表？

王：在我印象中，民國四十三年，國小五年級的時候，在台灣新生報南部版發表「父親」這篇文章。那時我喜歡寫作，但是我哥哥對投稿比較有興趣，他叫我寫一篇文章，然後幫我投出去，文章發表以後，我的導師看到報紙馬上找我去，他很高興，給我鼓舞很大。我一直到現在還感激我的小學老師——梁建平老師，所以我的兩個啓蒙老師一個是我大哥，另一個就是梁老師。

孫：您在民國七十六年出版了一本「溫馨集」，當初是什麼樣的情況下出版以及這些文章當中有哪些讓你印象特別深刻？

王：從民國四十三年開始到五十五年這中間，我的寫作因爲讀書及升學考試而斷斷續續，但民國五十五年五月十八號，我在中央日報副刊發表了一篇「眞金不怕火煉」以後，就開始陸陸續續有一些作品出來。「眞金不怕火煉」這篇文章是寫我高中暑假的打工故事，那時因爲父親介紹我到一個「三民主義講書班」當工讀生，打工一個月的經歷，體會了賺錢是相當辛苦的，我這篇文章是寫我曾經打工打到一半想退縮，後來班主任跟我講：人生就是在這時候磨練，經不起考驗的人就會失敗。所以我就繼續做下去。另外在中央日報副刊也曾經投稿一篇較長的文章叫「難忘君毅里」，因爲我從小住在眷村，而這一篇文章登出來以後，對我們眷村的小孩鼓勵很大。

孫：你的「溫馨集」好像本來想取「駝鈴集」？

王：因爲我在聯勤工作，聯勤的代表動物就是駱駝，代表祂在沙漠中刻苦耐勞，後來我發覺在外面書店中，已經有「駝鈴集」這本書，最後跟內人找到一幅很溫馨的圖片做封面，所以就以「溫馨集」代替了「駝鈴集」。

孫：您是上校退役，回顧在軍中這一段時間，有沒有讓您印象深刻的事情呢？

王：我覺得當軍人期間，最高興的就是民國六十四年，當選國軍克難英雄，而且榮獲經國先生召見。我在兵工廠裡研究工蜂火箭，包括工蜂四型火箭、工蜂六型火箭，那時國內沒有，而克難英雄就是要有創見，當然不是我一個人的功勞，是我帶領一個單位一起做的，因爲我是主管，就代表大家當選克難英雄，並得到經國先生召見。國軍英雄有兩種，分別叫戰鬥英雄及克難英雄，克難英雄是對研究、發展有創見及成果。而戰鬥英雄就像海軍、空軍、陸軍的戰鬥部隊，對作戰訓練有貢獻，如空軍飛行員表現優異立有戰功就是戰鬥英雄。

孫：您率領這樣的團隊研究火箭，是什麼樣的心情？

王：因爲我們希望自己能研發新武器彈藥，那時候都買不到武器，像火箭就只有一份資料、配方，我們就研究如何把火箭推進，讓它有動力，所以那時候這種研究是創新的，國內沒有現成的。

孫：聽說您有一首歌詞叫做「夜航」，得到了滿多的獎項，而且一個字價值八十塊錢，您也寫歌詞？

王：那時候在兵工廠有個同事，建議我參加歌詞創作，於是就去試試看，在民國七十六年我得到聯勤總部音樂作詞的銅駝獎後信心大增，我每年都參加，在民國八十二年，「夜航」得到國軍作詞金像獎。那是有一天晚上，突然思潮來了，於是寫了這首歌，然後就投到聯勤總部忠勤報，登出來以後，有很多人給我意見，然後再加修改，經過不斷的努力以後，終於得到金像獎。

孫：我想請教您，您學的是理工，要寫軟性的文章會不會有障礙？

王：我的個性比較剛強，看到別人的東西那麼柔軟讓我很感概，覺得我應該可以寫啊！所以我就在夜晚的時候放輕音樂試著寫寫看，後來寫完就投稿，發覺有的編輯滿欣賞我，打電話給我說我的文章不錯。

孫：有哪些作品是在夜晚放著輕音樂的情況下寫出來的？

王：像「夜航」，還有在聯合報發表的「老公獎學金」，就是在我太太拿到博士後，當天晚上在美國寫的，我把陪太太讀博士的那種感覺寫出來，之後給太太看，覺得還不錯，深受感動，所以就從美國傳眞到台灣的聯合報，我是五月寫的，六月份回國，編輯打電話給我，告知由於九二一地震的關係，將延後刊登。一直到九二一大地震之後，聯合報終於在十月份登出。

孫：太太頂著博士的光環，不知道王先生有沒有感受到一些壓力，或者您怎麼看待太太唸博士這件事情？

王：很多人都問過我，太太是博士，我只是大學畢業，會不會有壓力？我說不會，因爲我太太學的是護理，我學的是化工，而且我有我的專長，她有她的專長。我太太最好的一點就是她不會到處宣揚她是博士，人家介紹她，她都很謙虛，我們兩人之間彼此尊重，當初她要唸博士的時候，我岳母反對，我岳母說女孩子到了這種年紀，而且孩子都大了，又放老公在家，難道不會擔心？太太說我要找女生早就去找了！她去唸了四年都很放心。那時候她在美國，我在台灣，每天晚上兩人都會傳眞，因爲越洋電話太貴了，所以每天晚上都寫五百字傳眞，以解相思苦。

孫：當初太太跟您提到要出國唸書這件事情，您心裡有沒有掙扎呢？

王：那時她跟我提的時候我一口就答應了，還支持她出國唸書，然後她就向學校寫報告，學校批了，校長鼓勵是鼓勵，但是目前碩士、博士太多了，只同意停職停薪，我跟內人說沒有關係。不過她很省，本來預估一年要一百萬，四年要四百萬，結果她沒有用到那麼多，一年只花了六十萬，全部的學雜費四年下來才用二百四十萬，雖然花了二百四十萬，但是她這一生一直都很快樂，畢竟她的夢想完成了，而且她也學了很多，很有價值。

孫：您當初是什麼心情送她去唸書的？爲什麼會支持她？

王：我們結婚之後，發覺她很喜歡研究，我覺得既然她喜歡研究，爲什麼不支持她？而且有的人想唸，可能還沒辦法唸，因爲到了某一種程度會唸不下去，但是她能夠繼續唸下去。我想一個人就是這樣，像我很喜歡寫作，她也很支持我，圓我的夢，像我出版這本「溫馨集」，她就支持我，當然我想每個人都有個夢，她的夢想就是去美國唸個博士，她說至少學點新的東西，博士並不很重要，重要的是可以學到新的東西，可以去實現她的夢想教給學生，所以她的夢想我全力支持，我的夢想她也支持，夫妻本來就是互相支持，相互扶持。

孫：她出國唸書這一段時間，所花費的都是您供應她，所以這篇文章叫做「老公獎學金」？

王：她跟同學開玩笑說她拿的是王氏獎學金，我姓王嘛，後來聯合報編輯把它改成「老公獎學金」。

孫：王先生您現在的夢想呢？

王：我現在退伍以後，我的夢想就是讀書、寫作、做志工，所以我第一本書雖然出來了，但是我覺得以後可以有更好的幾本書出來，而且會比第一本更好，因爲最近寫的文章我覺得比第一本更好、更成熟。

孫：說說當志工這段過程？

王：我做志工也是太太的鼓勵，因爲做志工的項目很多，後來我發覺這是要選擇的，做志工不能說找一個地方就去做了，要符合自己的興趣，我喜歡讀書及寫作，當時我和太太看到長青中心徵召志工以後，她說我可以在中心內的圖書室做志工，我也覺得很適合自己，我就報名參加長青中心志工徵選，到長青中心做志工覺得好愉快，這裡有兩百多位志工，現在因爲我是團長，每天都會去一下，只要長青中心有一個電話來，我就會去。（訪問當時，王昭慶任長青中心志工團團長）

孫：談談讀書會，還有讀書方面自己的狀況和情形。

王：我最早參加的讀書會是高雄市立圖書館知性書香會，我看到市立圖書館在招讀書會會員，我發覺讀書不錯，但是我對讀書會並不瞭解，在我的印象中，以前讀書會都是白色恐怖，有人就是參加讀書會，利用讀書會去做政治方面的工作，以往參加讀書會會被抓，我以前印象中都是這樣，以後參加市立圖書館讀書會，發覺不是這麼回事，而參加讀書會，是在裡面大家彼此互相討論、互相去激發自己的智慧。在民國八十四年我就參加讀書會，每一個月開一次會，一個月是自讀，自己喜歡讀什麼就讀，一個月是共讀，比如讀我的「溫馨集」這本書，大家對這本書的感想，把自己感想發揮出來則是共讀，自讀就是每個月讀一本喜歡的書。在我參加讀書會一年以後，我發覺很多人跟一年前完全不一樣，大家彼此之間經過激發智慧後，眞的很有成果，我在高雄市立圖書館參加的讀書會是童言無忌小組，我也做了小組長帶領大家讀書。

孫：您更進一步把讀書會關懷的層面擴大到受刑人？

王：有的受刑人參加讀書會以後，說以前沒有人會跟他們一起讀書，而且大部分受刑人都是因爲家庭破碎，沒有家人關懷他，我們去關懷他、慢慢輔導他，讓他心靈淨化，讓他知道有人在關心他，並不是每個人對他都有仇恨的，犯了錯以後並不是不能改，我希望在讀書會中能使他們共同成長，出去以後不要再犯錯，希望讀書會讓他們覺得人生還是很美的。

孫：對於退休、退伍的朋友，您給他們怎麼樣的建議呢？

王：我曾經在中華日報發表過一篇「退休生涯樂無窮」，我覺得退休以前要有計畫，先計畫好退休以後要做什麼，就不會惶恐。

孫：寫作的時候會不會碰到一些挫折？

王：像我曾寫了一篇六千字的稿子被退回來的時候，覺得花了如此多功夫，怎麼會不被採用？後來仔細思考一下發覺是不成熟，我覺得不要怪人家，有時候自己要檢討一下，最重要就是自己讀的還不夠，我每天最少寫五百字，自己最大的失敗就是投稿出去以後，又發現很多錯字，以及很多語詞不通，不能怪人家退稿，要怪自己，所以我覺得要沉澱一下再投出去，有時候一篇稿子寫好以後放著，除了一些即時新聞由於有時效性，必須很快投出去外，有很多感性的文章就先放一下、沉澱一下以後，今天跟明天的內容就會不一樣，我發覺以前是太急著投出去，現在就是先沉澱，過了兩、三天再出去。

孫：您有沒有曾經很想寫些什麼卻怎樣也寫不出來？

王：比如人家命題的文章，命題的東西不是自己所想的，有時候坐著熬了一整夜還沒有東西出來，寫不出東西、想不出來，就會藉由一些轉換心情的辦法，這樣才會有東西出來。

孫：對時下出版界或寫作的圈子，您有什麼看法？

王：我覺得我們台灣的寫作空間很大，出版界只要發覺您的東西好，他都會願意幫您出，就要看您有沒有好的作品出來。以前我常常覺得編輯不識貨，出版社也不識貨，後來覺得是自己不行，得再加油努力爭取機會，所以我覺得台灣的出版界，不管報紙或各個媒體都願意給大家機會，就看您有沒有好東西出來。以我個人從民國四十三年到現在，四十多年寫作經驗來講，只有不斷的努力去讀、去寫、去聽，才會有一些成果，多去聽演講，多去吸收別人的精華，可以幫助我們成長，幫助我們有收穫，我覺得人生就是要不斷的努力，就會達到自己想要的目標。

感懷篇

退休生涯樂無窮

民國八十二年，當時我只有五十一歲，就毅然決定退休。那時，我的高血壓一百六十，低血壓一百一十，在吃了降血壓藥而血壓仍然不降的情況下，爲了健康著想，只得聽從內子的規勸，依依不捨的離開服務了二十六年的軍旅生涯。長官、同事及親友曾擔心我年紀輕輕就在家無所事事，會無聊且老得快，紛紛替我介紹工作。但在做這個重大改變之際，我也同時擬好退休計畫，按照我在旅遊、讀書及寫作等方面的興趣，準備迎接人生的第二春。由於規劃周詳，退休至今四年以來，過得輕鬆、自在而快樂，連高血壓也不藥而癒呢！究竟我是如何過的？且聽咱家慢慢道來：

規規矩矩的作息

雖然退休的人是時間富翁，但正常的作息，不熬夜及晚起，才能保持身心健康。每天我仍然一大早起床，按時赴圖書館「上班」。在那浩瀚的書海中，與古今中外名人對話，吸收那些取之不盡，用之不竭的知識資源。增長的見識，滿足了我的精神生活，也豐富了我的人生。

早早晚晚的運動

持之以恆的運動，可以使人有精神，充滿朝氣。所謂流水不腐，唯有使身體細胞都動起來，才能保持活力。我的運動包括了晨泳、慢跑、登山健行、爬樓梯、散步及騎腳踏車等等。從事活動時，總會認識新朋友，幾經閒話家常，有些竟然成了知交。

讀書與寫作

每日去圖書館讀書與寫作，是我最大的樂趣。退休前，忙於工作及應酬，一年難得看完一本書，也根本沒有時間細嚼慢嚥的閱讀。退伍後，由於時間充裕，加上「獨樂樂不如衆樂樂」，爲了與人分享閱讀樂趣，我決定參加讀書會。四年來，從每月讀一本書，進步到每月讀二本書。與市立圖書館書香會友們互相切磋的結果，更提升了我寫作的能力。寫作是我的嗜好，我以每日至少寫五百字爲目標，在不斷學習及磨練下，作品見報率逐漸增加，印證了「凡努力過必留下痕跡」是永恆不滅的眞理。

聽演講及參加研習會

聽演講及參加研討會是促使自我進步的最大動力。四年來，我聽過上百場的演講。聽演講是吸取知識的一種途徑，聽衆在二個小時就可以吸收到演講者爲某個主題準備好幾天的內容，實在划算。面對知識爆炸的現代社會，每個人都需要終身學習，許多演講，讓我免費的得到新知及處世智慧，天底下找不到比這更便宜的事了。至於研習會更是多得不得了。各式各樣研討會使我的人生多采多姿。中山大學人力資源及企業管理研究所辦的學術研習會，充實了我對管理的知識；市立社教館及圖書館舉辦的「讀書會領導人種子培養」，讓我有能力帶動讀書會；勞委會與實踐管理及設計大學合辦的「電腦視窗九五應用」，使我不至於落伍；而從「中餐烹調班」學到的可口菜餚，增加我家餐桌上的美味；吳麥文教基金會辦的「觀光實務班」，擴大了我的生活領域。

快樂逍遙遊

退休使我有空有閒，得以赴世界各國旅遊。我先後去過東澳洲、日本大阪、豪斯登堡、新加坡、巴淡島、香港、澳門、美國夏威夷、俄亥俄州克里夫蘭以及大陸北京。旅遊除了觀賞風景外，更讓我們開放心胸。不同地區或人種，產生不同文化背景，讓我們大開眼界，也加重對人文的關懷。從旅遊中，我們可以學習到他人的長處，像新加坡人的守法，澳洲人對環保的重視，都值得我們反覆深思。去大陸北京是爲了陪八十四歲的老父探親，那一趟完成父親的「願望之旅」，意義重大，也最令我難以忘懷。

做一個妙管家

在我退休第一年，適應新生活後，內子不再有後顧之憂，所以全家支持她赴美進修護理博士學位。諸如環境清潔的維護、電器用品的維修、所得稅的申報等瑣碎事物，從內子開始忙於申請學校起，都轉交我處理。原本是「茶來伸手，飯來張口」的一家之「主」，變爲洗手做羹湯的一家之「煮」，我將在中餐烹調班所學加以運用，倒也常受到妻兒的讚美。以往只須將薪水繳庫，而今要精算各項收支，以確保在外的妻兒有足夠的花費。自從做了妙管家，才深知管家之不易，對內子爲家庭之付出，更多幾分感謝之情。

後記

退休是人生的另一階段。由於領有退休俸，使我生活無慮，可以做自己喜歡的事，讀自己喜歡的書，盡情享受逍遙自在的第二春，羨煞了不少同事與朋友！然而生活在「桃源新境」的同時，我看到社會上有群快樂的義工、志工，他們抱著「人人爲我，我爲人人」的生活宗旨，流露出的熱情讓我心動。未來我計畫抽出時間服務人群，相信志工生涯將是我退休生活的另一個高潮。

（原載八十六、十、三十《中華日報》十六版）

當榮民真好

自民國八十二年退伍，正式加入榮民行列後，便享受到許多福利，使我眞正感受到「榮民第一」的溫暖，就讓我一一道來吧！

記憶中深刻的一件事，便是搭台北市的公車。記得在軍警優待票取消之前，我們搭台北市的欣欣客運公車仍然有優惠，別人要十五元，我們只需十二元（現已取消優惠），雖然只省了區區三塊錢，駕駛不但沒有輕視，甚至還面帶微笑，令人有如沐春風、備受尊重的感覺。

其次是配老花眼鏡，在「榮光周刊」上看到輔導會替榮民配鏡的服務訊息，便立即去醫院做了視力檢查，並將檢驗報告寄去輔導會，不久便收到一副漂亮而適用的眼鏡，對於這種免費服務，除了心存感激，戴上眼鏡時，都有一股溫馨在心頭。

再說到健保。人吃五穀雜糧，不可能不生病；全民健保實施後，榮民到榮院看病拿藥，輔導會都有補貼。這種福利，如果沒有輔導會專責規劃執行，豈能如此周全？

其他，像對榮民榮眷的就養、就醫、就業、就學等，莫不關懷備至；就養有榮家、就醫有榮院、就業有訓練、就學有輔導，使榮民對輔導會這大家庭，充滿了凝聚力。

國軍退除役官兵輔導委員會，本是國家對榮民弟兄「崇功報勳」既定政策所設的重要專責部會；而在政府堅定會的肯定外，我們榮民自己，更要感恩，珍惜目前所擁有的一切。

在輔導會這個大家庭中，自然讓我們深切感覺到：當個榮民眞好！

（原載九十、七、四《榮光周刊》第二版）

脱下戰袍當志工

退伍以前，我一直在「將軍」的夢想前徘徊，由於已經是上校的「頂」級了，而且也是「將軍的搖籃」——國防大學前身，三軍大學國防管理班的畢業生。心想，既然花了那麼多心血在工作及學業上，長官也肯定我在各方面的努力，就差那麼一步了，再拚一拚，等一等，應該有希望。

果然，有一天，長官告訴我：「總司令有意給你佔將軍缺，希望你暫時等待。」聽到這消息，內心興奮了好久好久。無奈，在等待的日子裡，高血壓的病痛卻衝擊著我的身體，每天的血壓：高血壓高達一百六十，低血壓則是一百一十，吃了降壓藥，依然不降。

這份警訊，讓內子特別憂心，她提醒我：「要身體健康，還是要『將軍』頭銜？」然而此時要我放棄「將軍夢」，實在心有不甘及不捨，內心在痛苦地掙扎。畢竟，「將軍」是職業軍人一生的榮耀呀！

過了一段日子，內子又在耳邊叮嚀：「就算升上將軍，沒有健康的身體，還撐得下去嗎？」這話突然驚醒了我的大夢，於是決定與她商量周詳的退休計畫。由於我可領取月退俸，內子是大學教師，兩個孩子又是國立大學學生，家中生活不須我負擔，於是選擇擔任志工，做爲自己人生的第二春。

退伍後，我分別去了兩個地方擔任志工，一是在監獄內與收容人一起讀書，另一個則是在一家老人活動中心的圖書室內借書、錄影帶及報紙給老人。在我「放下身段」去做服務工作時，看到收容人因我的引導，而能變化氣質，老人們因我的服務，而願意天天來「老人活動中心」讀書、看報，使我感到擔任志工的快樂及「我爲人人，人人爲我」的眞正內涵。

自從擔任志工後，「名利」早已離我而去，高血壓的毛病，也因壓力原因消失也不藥而癒，內子看到我也說：「你像換了一個人似的」。人生的路很寬，從服務別人中，自己也會找到快樂，這是我人生最大的喜悅及收穫。

（原載九十、八、七《青年副刊》第十三版）

我的退休生涯規劃！

有時我在想，對於一個已經退休的人而言，有退休金可領，不愁吃，不愁穿，妻子在大學教書，兒女都已長大，各自有工作，我只要把身體健康擺第一，不造成家人困擾，便可以活得「諸法皆空，自由自在」了，還需要有什麼生涯規劃？但仔細深一層想了想，如此每天混日子，只是等死，又有何意義？後來在一本書中看到，有規劃(career plan)是指：個人建立並接受一套完整而適切的自我概念，從認知的過程中，瞭解工作角色與價值，進而在現實環境中，加以考驗並轉化成實際的職業選擇，以滿足個人需求和社會讚許。此種生涯規劃的主題包括：生計認知、定向、試探、決定、準備實現、評語、以及再教育等的發展歷程。從這段話中，使我瞭解自己要的是什麼，因此開始對退休生涯做了規劃，由於我喜歡讀書、寫作及當志工服務人群，便將每星期生活做了適當安排，首先，我從讀書會開始，參加高雄市立圖書館的知性書香讀書會，在這中間，找到了「獨樂樂不如衆樂樂」的意境，並從討論中激發我的智慧，也豐富了我的生命，同時也交到不少書友，使生活更加充實。進而，又接受了讀書會領導人及輔導人種子培訓，結訓後，分別帶領小組讀書會，並赴監獄指導收容人讀書，希望書香種子能灑遍社會，更希望收容人出獄後，是眞正的浪子回頭，我只希望以自己有限生命，能替社會盡一點棉薄之力。

其次，由於我對寫作有濃厚興趣，在高雄市立社教館招收寫作班時，便立刻報了名，更在劉妗珠老師的熱心教導下，不但改正了許多錯誤，也找到了正確方向。從此，寫作變成我生命中的一部分。最後，是在服務人群部分，從報紙上看到高雄市長青綜合服務中心，招收志工的消息，便與內子商量，找一個適合自己的工作，經過考慮分析，我選擇了該中心的圖書室。

長青中心是一所老人活動場所，規定55歲以上長者，才能有免費使用各項設備及場地的權利，每天看著老人家，在我們服務下，高高興興的來跳舞、唱卡拉ＯＫ、健身、上課、看報、打球、看歌仔戲等等，一直到要關門時，他們才依依不捨的離去。看到銀髮族如此快樂，我決定要用最大的熱忱，使他們更加滿意。自從實施生涯規劃後，生活有了方向及目標，每天過得十分踏實。不但滿足了我個人需求，更從試探、生計認知、服務中，瞭解生命是如此的可貴及有它的眞正的價值，也使我更爲珍惜它。

（原載九十、十二、二十《高師大成教中心出版》三十期）

「功不唐捐」圓我夢

去年十月十日，我很榮幸獲得國軍第二十九屆文藝金像獎作詞類金像獎，在頒獎晚會上，我的歌詞「夜航」還當場演唱，使我興奮了好多天，也圓了我的夢。這應該感謝「功不唐捐」給我的啓示。

「功不唐捐」這一句話是胡適之先生告訴梁實秋先生的話，他說：「這句話出自佛經，『唐』就是白白的意思，『捐』就是浪費的意思，這四個字是說，努力下功夫，這種功夫絕不會白白浪費掉，也就是一分耕耘，一分收穫的意思。」（註）

十年前，我就訂下努力目標，希望能獲得金像獎，雖然經歷的挫折不少，但絕不洩氣。每當夜闌人靜，就是我的創作時間。每作完一首詞，第二天晚上，一定先唸給內人、女兒及兒子聽，依他們提供的意見修正，反覆修改最少十遍。唸得通順，就投稿聯勤忠勤報副刊。刊出後，再唸給幾位好同事聽，最後加以潤飾，滿意了才送去參加聯勤文藝金駝獎競賽，如得獎，就能參加國防部金像獎之甄選。十年內失敗者多，成功者少。但失敗一次就有一次經驗。自民國七十八年起就有收穫了，第二十五屆金像獎大賽，我以總統的訓示「凡努力過的必留下痕跡」爲題作詞，獲得銅像獎，八十一年以「我是一顆小小螺絲釘」歌詞獲得第二十八屆銅像獎。一直到去年才獲得金像獎。雖然夢圓了，但仔細想想，自己的創作經過老師指導，以及那麼多人的幫忙提供意見，應該是衆人的智慧結晶。得感謝幫助過我的人，尤其是內人不辭辛勞，做我的聽衆，一首詞從出爐到得獎，我們經過多少次研討刪改，看內容是否切題、押韻、動聽、感人、有力？她全力幫我的精神，眞令我感動。

我這夢圓得十分辛苦，卻萬分值得。

註：摘自中央日報「我的座右銘」第二集。

（原載八十三、四、三《中央日報副刊》）

關懷與鼓勵

我常在想，我是多麼的幸運，經常受著別人的照顧，使我過著幸福愉快的生活。現在連我的兒子也同樣感受到人間的溫馨……

就讀高雄市愛國國小的兒子與我一樣，只要稍爲一動就流汗。有一天，我在他的書包裡發現一張小條子：「宇安：希望你明天帶一條小毛巾來擦汗，以免全身濕濕的，容易感冒。廖老師」看後，我內心好感動，立刻找了條毛巾，放進兒子的書包內，我這粗心的爸爸，多虧老師的關懷與提醒呢！

另外一次，又發現另一張小條子：「宇安：你的聲音和媽媽一樣很甜，又很好聽，如果能大聲些，將來參加小園丁電台甄選，定可入選，希望你加油，廖老師」

兒子從小就害羞，是屬於「乖寶寶」型，而且成績在班上屬中等，但廖老師在照顧全班數十位小朋友，忙得透不過氣來的同時，仍能給他小條子，予以鼓勵，使我這做家長的怎不感激呢！尤其在兒子的成長路上，還帶著老師的愛心呢！

妻在一所醫學院教書，也常帶學生去醫院實習，一位曾病人對她說：「聽到你的聲音，我的病就好了一半。」妻常運用她的特長去鼓勵病人。

關懷與鼓勵，是每一個人所盼望的，在我們全國有許許多多默默耕耘的好老師，就像廖老師一樣。請接受我們衷心的祝福與感謝。

（原載七十七、十二、二十六《中央日報副刊》）

愛要及時

一位女學生日前寫信給內子，訴說永遠無法原諒她自己的疏忽與過失。在父親未去世前，不但未能見到最後一面，甚至連去世後，也沒機會替他淨身。最令她感到遺憾的是曾答應送父親一把菲利浦刮鬍刀的願望也未能達成。

內子問她：「你在忙什麼？」她說：「每天上課、下課，帶學生實習，回家時已經是晚上十點多鐘，累得躺在床上就睡著了。」

現代人幾乎都是生活在「忙、茫、盲」之中，替父親買一把刮鬍刀或打一通問候電話，都是伸手可及的呀！

當「樹欲靜而風不止，子欲養而親不待」時，再後悔也來不及了。

（原載八十六、一、十三《青年日報副刊》十五版）

大拜年

隨著眷村改建，改住公寓，再也看不見充滿濃郁的人情味……

小時候，家住在兵工廠眷村，最喜歡大年初一「大拜年」的熱鬧氣氛。記得當天一大早，父親便放完鞭炮，點好香燭，備好熱茶、熱水、糖果、瓜子、及「歡喜團」等食物，等待父親的同事及親朋好友來家中拜年。大約八點左右，第一批客人來到，恭喜發財之聲，便不絕於耳。當父母親請他們坐下來聊天，並互道新年如意時，我們便幫忙倒熱茶及泡「歡喜團」，「歡喜團」是一種糯米製球狀型的食物，是我們眷村的特產，卻名聞全台，那時沒有超市及大賣場，卻常常有北部客人，專程來村子裡購買帶回臺北。

過年時，將它泡在熱水裡，端給客人，尤其在寒冬中，吃在嘴裡，甜在心裡，暖在身上，非常舒服，而且也討人歡喜，因此有「歡喜團」之稱。

以後，一批批拜年的親友接二連三的來，讓過年的氣氛達到高潮。由於我們眷村有上千戶人家，有廿多條巷弄，多數人會從我們所住的第一條巷子開始拜年，有時，我們也會跟著人潮一家家拜下去一個早上，整個眷村都充滿在大拜年的熱鬧氛圍中。

爾後，隨著眷村改建，改住公寓，再也看不見充滿濃郁的人情味大拜年場景了。

（原載九十四、二、八《台時副刊》十九版）

為自己留老本

曾經風靡高雄數十年的「萬枝調」創作者，前高雄市鹽埕區長及市議員郭萬枝，臨老生病竟得不到兒女理睬，住院也要靠社工員協助，才能進行開刀手術，眞令人感概萬千。

這是當初叱吒風雲，紅極一時的老「鹽埕區長」，想也想不到的事。英國詩人雪萊曾經說過：「歲月並不能造就偉人，只能製造老人。」從這句話中，我們可以知道，不管你過去是多麼有名，或有什麼豐功偉業，但還是會老，在年老時，自己沒有「老本」，而子女又自顧不暇，或旅居國外，甚至不孝順時，將會落得淒涼的下場。

「老鹽埕區長」的故事，只是社會的冰山一角，其他還有許多不爲人知的悲苦老人，更值得大家關心。

其實我們每一個人在年輕時，賺錢除了家用及籌措子女教育費用外，也應該爲自己及老伴儲存「老本」，以備未來的需要，因爲人生有太多的「意外」，在突然發生時，「老本」便能派上用場。「老本」除了用作「棺材本」外，也許住院需要龐大醫藥費，也許生活行動不便，需要外傭照顧，自己一「本」在手，就不會增加子女壓力，他們也不會避不見面，自己的「老有所終」，也有尊嚴。

（原載九十、八、二十《中央日報全民論壇》十一版）

規劃人生，你還是有用的人

一位老同事退休之後，看到「四信」、「國票」之金融風暴，再加上台北縣市計程車群毆，暴力相向等社會亂像，打電話告訴我，想拯救這個社會卻無從使力，不如早點離開這個世界的好。

接到他電話後，立即赴他家拜訪，告訴他我如何每天過退休生活。

首先擬定學習計劃：高雄市有「市民學苑」、「老人大學」及救國團主辦的「高雄學苑」，可以隨自己的嗜好、興趣去選擇，許多人開始後便不想離開。在那兒可以看到好多八十多歲的老先生、老太太，對人生的熱愛，認眞學習的精神，會感到生命的活力。

其次，擬定寫作計劃：每天赴圖書館，先赴閱覽室看完報紙雜誌後，再按自己的計劃，在圖書館內找資料，並訂定時程及完成日期，如果寫得不錯，不妨投稿或出書。

然後，可做做義工及志工：全國各地都需要退休人員之經驗及智慧，像生命線、志工協會、退休人員協會及老人活動中心等，均可提供義工機會，只要用心去找，幫助別人的機會比比皆是。

再就是擬定旅遊計劃：他山之石可以攻錯，經常出國去看看，不但可調劑身心，更可增長見聞。退休前，也許因工作忙碌，不能與家人一起出遊；退休後，時間多了，可與家人結伴，拍拍照，爲人生留下美麗的回憶。

如果想要爲社會盡一己之力，還可爲公益投書，像中央日報有「大家談」，青年日報有「論壇」等等，均可表達己見，建設性的投書，也許會使明天更好。

他接受我意見後，心情開朗許多，也像筆者一樣，每天跑圖書館，最近也發表了好幾篇文章，又計劃明年赴大陸探親，人生更充滿了積極意義。日前我們見面時，我告訴他：「你還是一個有用的人嘛！」他笑了！

（原載八十四、八、三十一《中央日報》成人教育、一八八期）

「愛在台灣」的黃阿姨

在我們高雄市長青綜合服務中心的志工團隊，有一位八十四歲的黃亦秋阿姨，仍然擔任服務老人的志工，她不但受到我們志工的尊敬，也受到中心老人們的愛戴。

滿頭銀髮的黃阿姨，有一段歷經滄桑、不爲人知的崎嶇坎坷歲月。她在民國三十六年以一個單親媽媽帶著三個兒女來台灣。當時人地生疏，舉目無親，爲了生計在謀職無門下，替人編織毛衣，日夜趕工，指頭被鐵針刺破流血，所賺的工資，三餐仍不得溫飽。由於她的勤勞奉獻，感動了她的子女，當時才十一歲大的長子，讀國小五年級，竟然自動賣豆腐，以纖弱的身軀，在晨曦及狗吠聲中，擔著兩板豆腐，沿街叫賣，經過眷村，主婦們憐惜他是個小孩，紛紛購買，並給予溫暖關切。然而賣完豆腐趕到學校，誤了升旗時間，卻屢受老師責罵罰站，小小心靈，忍受委屈，偷偷流淚，讓黃阿姨十分不忍。其次女及幼兒讀初中時，每天放學後，到工廠拿豆漿，騎著腳踏車往同學、朋友家推銷，有讚許及恥笑，可是姊弟倆爲了多病的「黃阿姨」，不計毀譽，只想賺錢爲她治病。此種狀況，曾讓黃阿姨痛徹心扉，她覺得未讓孩子們溫飽，還使他們受到痛苦折磨，情何以堪？

以後黃阿姨在碼頭找到工作，生活逐漸安定，孩子們才能安心於學業。令她老人家最感安慰的是將兒女撫育成人，孩子們乖巧孝順，手足和睦，學業工作有成，各自組織幸福美滿家庭。

由於黃阿姨已盡了爲人母的責任，在六十四歲那年退休，除了在高雄市長青學苑學英文、詩詞、書法、太極拳等課程外，也在高雄市女青年會及長青榮譽服務團當義工。她訪問低收入戶及孤獨老人時，許多人都消沉悲觀，可是看到黃阿姨那麼大年紀，還冒著酷陽寒風去慰問他們，尤其是噓寒問暖的關懷，感動了他們，甚至改變了一些人頹喪的人生觀。

黃阿姨從六十四歲開始當志工，至今整整二十年，曾獲得榮譽無數，像模範母親、模範老人、慈悲媽媽及全國敬老尊賢楷模、模範志工等等，讓我們心中十分佩服。

黃阿姨的所作所爲，給我們建立了一個典範，她的事蹟爲「愛在台灣」做了最好的見證。

（原載八十九、一、十三《青年日報副刊》十五版）

愛人者，人恆愛之

我常在想，爲什麼那麼多人敬愛孫院長？尤其在病倒後，受到更多人的關懷。他住進榮總，而令一位素不相識的白髮老太太恭敬地捧著一對水梨，坐在病房椅子上等了兩個多鐘頭，才找到人送進去。是多麼感人的畫面。

俗話說：「種瓜得瓜，種豆得豆。」孫院長一生的付出，是該收穫的時候了。

好多年前，那時他還是經濟部長，我在高雄圓山飯店遇見他，走起路來精神飽滿，虎虎生風，讓人覺得他是一位有自信的長者，更讓人感到我們有一位充滿活力的經濟部長，進而對國家前途也充滿了信心。後來果然肩負了重任。

「全國能做事的人都是我的人。」是多麼無私的一句話。我們衷心盼望每一位做長官的人都能如此想、如此做，那才是我們國家之福。

他走到那裡都會問：「家裡收入夠不夠？」「地方錢夠不夠用？」尤其二百億的基層建設經費，解決了多少民生疾苦，這種「悲天憫人」之胸懷，怎不令人感激？

「男兒有淚不輕彈」，當看完連載的傳記後，我忍不住地落下了淚。我的心有若「千軍萬馬」，立刻提起筆，寫出我的感受。我們以「孫運璿先生」爲榮，由此也令人想到「心中有愛」的人，他也會愛他的家人、朋友、同事及國家，更會受到大家的愛戴及尊敬。

（原載《青年日報副刊》）

最佳溝通是尊重及傾聽對方

人類是群居的動物，不可能離群單獨生活，因此，如何與別人相處，達到「被人尊重」、「被人肯定」，而自己也能適切地去尊重及肯定別人，使工作愉快、生活快樂，那「溝通」是不可或缺的重要條件。

美國最有名的卡內基工業研究所曾經調查一萬名主管能夠升遷的原因，結果發現有百分之八十五的人，是因人際關係佳與溝通協調能力強而能脫穎而出，其中只有百分之十五的人，是因「專業知識」及「積極態度」而獲青睞。可見良好的人際溝通，可使我們在工作及生活上無往不利，值得我們加以重視。

事實上，溝通是人與人之間傳達意見的方法，也是人與人之間思想交流的方法。因此，如何讓自己的意見，能清楚的表達，使別人瞭解，讓自己的想法讓別人認同，都需要我們用心思考。

《人際溝通高手》一書作者戴晨志博士，曾經講過一個有趣的故事，因爲業務而善於「溝通」，而完成一筆很好的交易。這故事內容是這樣的：全世界知名的「玫琳凱化妝品公司」創辦人玫琳凱女士在多年前開著一部老舊汽車，到福特汽車展示中心去，因她手頭上有錢，想買一部黑白相間的新轎車。進了福特展示中心，業務員看她開著老舊的車子，斷定她買不起新車，所以就不把她當一回事。當時，剛好是中午，業務員說，她趕著去約會，就託辭先走了。

由於玫琳凱女士急著購買車輛，所以想見業務經理，但經理亦不在，下午一點才會回來。玫琳凱只好悻悻地逛到對街 Mercury 的汽車展示中心。

該中心正展示一輛「黃色轎車」，儘管玫琳凱很喜歡，但價錢卻超過她原來的預算。可是那業務員的談吐十分殷勤、誠懇;在閒聊時，玫琳凱說，想買車的原因是因爲當天是她生日，想買部車送給自己當「生日禮物」。

不久，業務員禮貌地說她有點事，請求告退一分鐘，隨即回來。未料，十五分鐘後，一位秘書小姐帶來「一打玫瑰」，而那業務員就把整打玫瑰送給玫琳凱，並祝她「生日快樂!」，這種鏡頭，眞讓她「太訝異、太驚喜、太意外」了。不用說，玫琳凱後來買的便是超過她預算的「黃色轎車」，而那業務員的表現，使玫琳凱感覺自己「很重要，很受禮遇」。相較之下，那位福特汽車的業務員就失去了這次賺錢的大好機會。

在人的一生中，溝通是無所不在的，其實溝通的目的，並不在於說服對方，而是建立共識及幫助性的關係。要做到建立共識，筆者覺得是先尊重及傾聽對方，使他感覺你在接受他。像故事中的業務員便做到了這點，使玫琳凱一生難忘。因此，要邁向圓融的人際關係(包括自己和家人），必須做到下列幾點：一、用最好的給愛您及您愛的人；二、愛是用平等心、同理心對待他人；三、愛是懂得接受他人；四、愛是肯定和欣賞。唯此，溝通絕對無礙，生命也會 HIGH 到最高點。（本文作者為高雄市長青中心志工）

（原載八十九、十一、十高師大《成人教育簡訊》第三版）

選擇一個正當且適合自己的宗教

二千年前柏拉圖曾說：「凡是人皆相信神的存在。」可見宗教早已在大部分人類心目中建立不可動搖的地位。台中大甲鎮瀾宮在經過擲筊後，決定請「媽祖」赴大陸進香，竟然也能牽動直航及小三通的問題，新政府也答應在六個月內解決，可見宗教影響層面之廣。

在國外，有些國家訂定基督教、天主教、回教、猶太教、佛教等為國教，直接影響到每一個家庭，甚至每一個人的生活。就以美國為例，雖然教會與國家是完全分開來的，但公務員常以直接且公開的方式提及宗教，因此形成一種「國民宗教」或是「公民宗教」。像美國前總統艾森豪認為「擁有一個深刻的宗教信仰感覺是很重要的，且我並不在乎它到底是些什麼。」另一任前總統尼克森，在一次美國國民的政治演說中，要求重建「我們對上帝的信仰。」說得更是露骨。

我國是個宗教信仰自由的國家，因此信仰也是一個最受爭議的問題。有信仰的人經常認爲假如你沒有「信」，根本無法進入「宗教」裡去，又如何研究及瞭解宗教？沒有信仰的人則反駁，如果先有某種宗教的束縛，又如何能客觀分析、體認宗教的意義？如此爭執，可能永遠沒有結果。筆者覺得還是中研院院士李亦園先生說得比較對，也值得參考：「宗教的研究者，不論是有信仰或無信仰者，都可先經由不同宗教的分析比較，理出一些宗教的基本法則，然後再以這些法則爲根據，去探討他們各自興趣的項目，其結果將會較易於溝通，也會較有建設性的意義。」

印度詩人泰戈爾曾說：「人生雖然只有幾十千秋，但它決不是夢一般的幻滅，而是有著無窮可歌可泣的深長意義，附和眞理，生命便會得到永生。」這句話對信奉宗教的人應該是很好的解釋，不是嗎？

在筆者五十多年的生命中，一直認爲宗教與人生永遠脫離不了關係，但我們在選擇宗教時，必須用「理性而非迷信」的態度去看待，因爲好的宗教是經得起嚴格的理智考驗，因爲出於理智，也就不會走入迷邪道途。（本文作者爲高雄市長青綜合服務中心志工）

（原載八十九、六、卅高師大《成人教育簡訊》第三版）

請用心愛她

看完繽紛版「心中有國旗」一文後，心中激動了好久。十月十一日晚上，我在高雄市民族路與九如路口的地上，也見到幾面遭來往行人、汽機車踐踏的小國旗，當時心中的氣憤，較「心」文作者趙女士有過之而無不及。

我曾在民國六十七年赴美國受訓，學校畢業典禮時，將我們國旗放在印尼及韓國後面，我在頗費一番唇舌後，才將國旗拉回正確位置。

而趙女士爲王惠珍小姐「金牌換國旗」感動，我也爲曾在哥倫比亞波哥大參加第二十八屆世界高爾夫錦標賽的呂良煥先生驕傲，因爲他說沒有青天白日滿地紅的國旗，他就退出，也使得主辦單位讓步。

想想這面代表著自由、平等、博愛的大旗，在陽光下冉冉上升時，所放射出的十二道光芒，是多麼耀眼，多麼動人心弦？如果國人能用虔誠的心去愛她、看她，那將是大家的希望與光榮。

（原載八十三、十二、二《聯合報》繽紛、三十六版）

富時當思無

讀了三月二十一日續紛版「蘋果戰爭」一文，文內所述「人往往愈容易獲得的東西，愈不懂得珍惜」，於我心有戚戚焉，使我想起幾件值得提出的事——

去年陪家父去大陸探親，在哈爾濱大學教書的舅舅，看我將梨子一口口吃完，十分訝異，他說：「台灣人不是吃一兩口就甩掉嗎？」父親與我異口同聲說：「不可能！」

但舅舅接觸過不少台胞，相信他不會講假話。少數財大氣粗的同胞，實在該改改暴殄天物的作風了。

我曾管理過近千人用餐的員工餐廳，每天三餐，我一定去看用餐情形。有一次早餐後，我看到許多年輕人將整套燒餅油條丟棄，廚師還說已經見過好幾次了。

我立刻召集有關人員，經過調查，原因是油條太油膩，但燒餅不油，爲什麼要丟？再有錢，也不能如此浪費呀！

後來分批對用餐的員工訓話，告知一飯一粥當思得之不易，並再次詢問大家意見；以後我再去餿水桶看時，已經沒有浪費的情形。

另一件事讓我有話要說：高雄市立圖書館免費辦的「四書研習班」，已進入二十九期了。

市府不但負擔全部場地費，還聘請高雄師大的國文教授每星期上兩小時課，而且每位學員發一册「新譯論語」讀本。

這種好條件應該會吸引很多人參加才對，事實不然。最近剛結業的一期，報名時有八十一人，結業只剩二十六人，令熱心的承辦人相當感慨。

這期許多同學建議，可以酌收學費，但未爲承辦單位接受；市府人員的苦心，使我們深深感動。我在想：不要錢就不好嗎？

以前，大家努力打拚，才有今天的富裕生活，但富裕之後應懂得知福惜福才對，要知道，我們在世界貧富排行榜中，也不過才名列第五十一名！

（原載《聯合報》繽紛版）

搭乘計程車的心情

我搭計程車的心情可以用兩極化來形容：碰到好的司機，下了車仍然懷念他；遇到窮兇惡極的，就祈禱下次不要再碰上。幸好，大部分時候遇到的都是好司機。

記得民國七十八年春節前，我們全家在高雄大統百貨公司買了些過年穿的新衣。我買的羊毛衫、襯衫及羊毛背心分裝在兩塑膠袋。乘計程車回家時，我坐在駕駛旁，衣物則放在座位下。一路上司機沉默寡言，行車卻平穩安全。到家時我匆忙下車，計程車開走後，我才發現少拿了羊毛背心。往日搭計程車常會記車號、顏色、駕駛姓名、特徵等，今天不知怎的就是忘了。在埋怨自己半小時後，突然門鈴響了，竟是計程車司機將我的衣服送了回來。在驚喜下道謝後，正想問他姓名、電話時，他已發動車子。所幸及時記下車號，第二天，立刻將車號及事蹟告訴電臺及高雄市計程車工會，請予以表揚。這位駕駛到今天還令我們懷念呢！

最近有一次坐上計程車，抬眼一看，司機頭髮蓬亂、衣裝不整、口嚼檳榔，且一副睡眼惺忪的樣子，我提醒他，超速容易出車禍，會被警察抓到。他可聽不下去，說：「我一向開快車慣了，慢車沒『慣習』。」我一聽，此人已無可救藥，要不是目的地快到，眞想叫他停車，我不但一路上擔驚受怕，最後還要多付三十元。下車時我仍撂下一句話：「老兄，安全第一，生命寶貴。」不知他是否聽得進去，我希望再也不會坐到他的車。

搭計程車的心情，有時也得看運氣呢！

（原載八十三、十二、二《忠勤報》第三版）

珍惜高行健　珍惜自由

諾貝爾文學獎得主高行健，在千呼萬喚中終於來了。曾經在中國大陸受到壓制的他，來到台灣的第一句話，竟然是「台北的空氣很自由。」可見自由的可貴，尤其對一位作家而言，自由更是不可或缺。因此，他一來便敏感的嗅到自由的空氣，這是我們身在自由國度中的人們所不容易覺察到的。

拉丁人有句諺語：「何處有自由，何處是我國土。」高行健也曾經說過，台灣是他第二故鄉，當然這兒也是他的國土了。更重要的是，台灣可以堂堂正正的替他出版許多書籍，中國大陸卻不能。西哲梅遜曾說：「出版自由是所有自由中最大的一個堡壘，永遠不應該被政府限制。」

筆者呼籲中國大陸應該珍惜高行健這塊寶，以寬大的心胸接納他，才能贏得更多的人心。筆者也盼望台灣同胞珍惜我們所擁有的自由，才能永遠過著幸福的日子。

（原載九十、二、二《聯合報》民意論壇）

珍惜今生情緣

「至情無怨」，情到深處無怨尤。孩子在外受到傷害，第一個想到的便是回家，因爲那是人生的避風港，在親情的滋潤下，傷口很快便會癒合，就像安．泰麗的詩：「當我跌倒讓人扶持，誰對我說美麗的故事，給疼痛的地方一個吻——我的母親。」

親情之外，還有愛情及友情；古今中外有太多故事，感人肺腑，令人難忘。

那歌頌愛情的，遠的有羅密歐和茱麗葉、梁山伯與祝英臺，都是淒美動人，賺人熱淚。近的則有朱仲祥及李少琴。

朱仲祥在六歲時，被醫師診斷罹患「進行性肌肉萎縮症」，一路走來十分艱辛，其間還經歷母改嫁、父身亡的遭遇。

在教養院中，他每天不是坐在輪椅上，便像隻青蛙般的趴著；而躺著時，卻像個拱門。可是這些生活上的不便，並沒有難倒他，反而促使他拼命自修，靠著毅力，突破生命的困境，成爲「攀峰」的巨人，而博得了少女李少琴小姐不悔的愛，雙雙步上紅壇的另一端。

這些年來，原本不被看好的婚姻，經兩人用心經營，更由於李少琴愛得像「原子彈」一般的力量，而成爲人人稱羨的「愛情」典範。眞是情到深處無怨尤呀！

至於友情，我們中國最有名的是伯牙與鍾子期的故事：「伯牙是春秋時之善鼓琴者，與鍾子期是好友。伯牙鼓琴時，子期聽之，志在泰山，則曰巍巍；志在流水，則曰湯湯。子期死，伯牙絕絃，痛世無知音者。」說明了知音的難得與摯友的可貴。

另一個故事發生在美國：

有一天，新墨西哥州拉斯維加斯鎮一座八十五呎長的礦坑裡，有兩個礦工，卡爾梅耶斯及哈瑞雷德，正在埋設十一包火藥；為了避免爆炸時受傷，他們用了相當長的引信，以確保有足夠的時間躲到安全處。

一切弄妥之後，點燃引信，卡爾先跑到一處土堆後面，就在哈瑞要跟進之前，一包火藥竟然提前爆炸了，哈瑞應聲倒地，隨即不省人事，大量炸藥碎片刺入腿中；卡爾向他高喊，根本得不到回音，而那兒還有十包火藥，引信正燃燒著，要是全炸開來，哈瑞就難逃劫數。當時另十支引信愈燃愈短，火藥隨時會爆炸。

卡爾一個箭步從土堆後面衝出，迅速抱起失去知覺的夥伴，扛在肩上，向廿五呎遠的土堆，拼命奔跑，直到安全地帶，放下哈瑞，累得正想喘口氣的剎那，礦坑轟然一聲，爆炸了！

事後，礦方為了表揚卡爾奮不顧身救朋友的英勇事蹟，特別申請了卡耐基獎章，卡爾卻說：「我要獎章幹啥？哈瑞不是活著嗎？」這就是珍貴友情的表現。

在現實生活中，無論親情、愛情或友情，只要能眞誠相待，珍惜今生這分情緣，生命便處處芬芳可愛。

（原載九十一、四、廿四《榮光副刊》四版）

生活篇

前瞻廿一世紀

隨著新世紀的來臨，大家都期盼黑夜儘早離去，快快看到黎明。就像西哲卓賓所說：「黃金時期不在既往，而在未來；不在人類經驗之本源，而在它完整的花朶。」眞的，我們衷心祈禱：二十一世紀的第一道曙光，能讓艷麗完整的玫瑰花盛開在我們的眼前。股市下跌，經濟蕭條，令人著急。期盼新政府運用智慧讓景氣復甦，全球運籌中心也能順利推動。使港市合一，海空聯運，密切配合。新世紀新氣象。我們多麼渴望讓貨暢其流，讓零庫存，讓業務蒸蒸日上。

（原載九十、一、一《聯合報》民意論壇、十五版）

上山平復情傷

已經是三十多年了，猶記得與內子結婚以前，曾經失戀過一次。

那是一個炎熱夏天的午后，我剛剛揮別周公，就自同事手中，接到女友的一封信及退還的禮物。打開信一看，她告訴我，與父親商量後，感覺我倆並不適合繼續在一起，也感謝我一年多來對她的照顧，至於送她父親的兩瓶金門高粱酒，因爲父親高血壓，已經戒酒，也一併退還給我，她相信並祝福我會找到更好的女友。

看完這封信後，猶如青天霹靂般，全身癱瘓了下來。本想立刻衝到她家，想要喚回這份感情，但經室友又是學長的勸阻，要我冷靜下來。畢竟，分手是一件痛苦的事，一年多的感情，突然變成空，叫我情何以堪？後來，我的主管知道後，要我休假幾天，冷靜思考，想一想女友說的對不對？最後，我接受主管的意見，赴高雄縣六龜的深山上，住了兩個晚上，冷靜思考我倆一年多來交往情形，就她說我太軟弱，缺乏男子氣概之事檢討，的確，想一想自己許多作爲，猶豫之處實在太多，也缺乏果斷，一時，也就心平氣和了。如果接到信，立刻找她，一定會火上加油，場面會很尷尬，甚至於會弄得一發不可收拾。

經過冷靜思考後，我心已平靜，並寫了一封信給她，感謝她讓我成長，並祝福她找到白馬王子。以後，我結婚了，內子知我識我，婚姻生活十分幸福。

（原載九十四、三、五《中國時報》家庭版假日報）

爆竹廠流竄 取締有術！

雲林縣土庫鎮一處廢棄養豬場改建的地下爆竹廠，昨天上午發生爆炸，造成二死三重傷慘劇。由於地下爆竹廠位處偏遠，地點隱密，爆竹廠人員利用夜晚進出，行蹤相當隱密，讓人很難發現，成爲安全上的漏洞。

此次發生爆炸，一名往生者的丈夫說，妻子幾天前對他說，要去做些「手工」賺錢，每天清早有一輛貨車來接她，他也不知道太太到底做什麼樣「手工」，結果「代誌這麼嚴重」。可見地下爆竹工廠業者，不但違法，而且也缺乏道德。歷年來，全臺灣地下爆竹廠所發生爆炸事件，不勝枚舉，也造成不少死傷及破碎的家庭。政府實在應該拿出魄力來取締。然而，據雲林消防局副局長楊毓麟說：爆竹工廠其實不見得在一個地方做很久啦，都是到處去流竄，即使拿到哪一個地方有情報，照理講還要檢察官開搜索票，這個情報不是很確實的話，檢察官不見得要開搜索票，取締有困難。

聽楊副局長之言，的確是取締地下爆竹工廠的瓶頸，筆者盼望檢方與縣市消防局研商，給予縣市消防局尙方寶劍，只要確實發現是違法地下爆竹廠，消防局便能立即取締，以使地下爆竹工廠絕跡。

（原載九十四、四、三《中國時報》時論廣場）

盼望不要「重北輕南」

此次聯合報副刊與文建會合作評選的三十册「台灣文學經典」名著，的確是一時之選。然而仍讓人有遺珠之憾。如果評選方式能把因時代不同，而將戰前出生（含大陸來台）及戰後出生的作家作品，做一區分，再加以評審，相信會更具有意義。其實政府遷台至今已經整整五十年，如能選出五十本經典，應該會具有代表性，且可減少遺憾。不過如此一來，便要有五十篇論文要發表，對聯副而言，是一項沉重的負擔。然而如果能以前瞻性的眼光，做一些突破，對即將邁向二十一世紀的台灣文學，會是莫大的貢獻。

至於將在三月舉行的學術研討會，地點不一定要在台北，因爲以往台灣所有大型文學研討會都在台北市舉辦。但這一次，盼望不要「重北輕南」，如果選台中或高雄，讓中南部也培養一些文化氣息，便全島都有書香味，才能稱之爲「台灣文學」吧！

（原載八十八、三、十六《聯合副刊》三十七版）

打造高雄人的文學美夢

高雄，一直被人比喻爲「文化沙漠」，如果能有一座內容豐富的「文學館」，那一定可以洗刷這個「醜」名。港都雖然是一個工業大城，但這些年來，由於大家的努力，文化水準不斷在提升，精神生活也逐漸充實，已經稱得上是一個人文薈萃的地方。像文學大師余光中、音樂大師黃友棣教授等人，都選擇定居在高雄，不但是港都人的光彩，同時也肯定了港都人多年來的努力。因此，如果將這些大師的傳記、手稿、出版品等，都能典藏在未來的「文學館」內，那將是多麼的豐富及有價值？

從民國三十八年，就定居在高雄的我，覺得既然要蓋「文學館」，便應蓋在文化中心附近，讓它多一些文化氣息。何況文化中心就在市中心，「文學館」與文化中心比鄰，可以讓市民接受更多的文化薰陶及交通便利。「港都文學館」應該是屬於未來「文化局」下轄的一個單位，館長最好由學有專精及具有行政能力的藝文界人士來擔任。

至於文學館的建築模樣，應該是結合科技與人文的設計，外表具有純中國式的風味，而內部的各項設備，均應是全電腦化的最新科技，不管是典藏、展覽、陳設、查詢、教育等，均能提供最快速滿意的服務，而讓人感受到港都文學是與時代俱進的。

「港都文學館」除了要典藏高雄市籍的文藝作家的作品、傳記外，更要有責任培養台灣未來的諾貝爾文學獎作家。因此，「文學館」的研究單位，除了要蒐集所有諾貝爾文學獎得獎作家的作品，以提供港都民衆參考外，更應發掘高雄市有潛力的作家，鼓勵他們努力創作。並且在適當時機，邀請各國得獎作家，來高雄市演講，以收「他山之石」之功效。

爲了讓各國外籍人士能夠瞭解港都作家作品內涵，以作適時的「推銷」，研究單位也可將港都作家的作品，翻譯成通行各國的文字，使更多的人能夠認識我們作家的作品。

我們期盼「港都文學館」能與文化局同時誕生，港都也能因它們的出現，而展露文化的光輝及智慧。

（原載九十、二、九台灣新聞報《西子灣副刊》二十版）

盼再創「台灣文學奇蹟」

在台灣創造「經濟奇蹟」的同時，聯合報文學獎也爲台灣創造了「文學奇蹟」。獎金高，未來前途看好，自然激勵了更多作家的創作靈感。如果說聯合報文學獎對台灣文學的發展有所貢獻，也是不可否認的事實。

不過爲了鼓勵更多的優秀創作，以宏觀的角度進軍諾貝爾文學獎，未來在徵文時，對評審首獎得獎作品，可以以評諾貝爾文學獎的眼光做評審，也許會有更多奇蹟出現。

另外對一個人同時參加兩類以上作品甄選時，得獎者應該只能選取一項獎額最高者領取。而各類得首獎者，三年內不得參加同類徵文，以使更多作家有出頭的機會。聯合報文學獎是得獎者的桂冠，未得獎者的夢想。盼更多人能入夢。

（原載八十七、十二、十八《聯合副刊》三十七版）

老志工更應該保險

自立法院在去年一月二十日，三讀通過「志願服務法」後，志工們的服務，便有了保障，尤其該法第十六條規定：「志願服務運用單位應爲志工辦理意外事故保險……」，使志工們在安全上，更有保障。

由於「志願服務法」，去年才通過，許多志工已經服務了很多年，甚至有不少七、八十歲的年長志工，按規定，「必須」參加意外事故保險，然而，最近一些運用單位，分別通知這些年長者，由於各保險公司對意外事故保險年齡（如七十或七十五歲以上者，便不能加保）的限制，可能無法替他們辦理保險。有些運用單位聲稱：已經將問題反映到內政部，也不知何時能解決？

年長志工們常年無條件的對國家社會付出，讓我們十分欽佩，尤其他們的經驗傳承，更是國家社會的寶貴資產，如果不能參加意外事故保險，因而離開，將是社會重大損失。盼望內政部，及早與財政部及保險業者協商，使年長志工的安全，早日得到保障。

（原載九十一、六、九《中國時報》時論廣場、十五版）

讓傳薪者擔任館長

文學是一種高度的藝術，它不但能撼動人類的心弦，更能驅走黑暗，讓光明重現。因此，沒有文學的世紀，這世紀便失去了光彩。自然而然，國家文學館便擔負起這項重要的任務。它可典藏文學的昨日，呈現文學的今日，開創文學的明日。擁有如此衆多功能，又名之爲「國家」，就應以宏觀的角度去設計，規模不能小於國家圖書館。如果未來文建會升格爲文化部，國家文學館就應直接隸屬其旗下，使文學之美，更能發揚光大。

該館成立後，要做的事可分述如下：⑴收藏台灣所有作家作品；⑵定期召開文學會議；⑶辦理國家文學創作獎；⑷典藏歷屆諾貝爾文學獎作品；⑸定期舉辦文學作家講座；⑹成立全國文藝作家協會；⑺收藏世界及中國文學名著；⑻培養青年作家；⑼推薦並翻譯台灣作家作品參選諾貝爾文學獎；⑽設置名人館：凡對中華民國之文學有貢獻者，經公開評審通過，即可入籍名人館……

福樓拜曾說：「文學即是爐中的火一樣，我們從人家借得火來，把自己點燃，而後再傳給別人，以致爲大家所共有。」很「清楚」說出文學是一種傳薪工作，館長不但應該是國內文學泰斗，更應該是心胸開闊的傳薪者，由中山大學余光中教授等人來擔任，是恰當不過了。

（原載八十七、十二、二十七《聯合副刊》三十七版）

車位暫借停

停車，已是現代人的夢魘。如果請朋友吃飯，告訴他：「有停車位！」一定可以提高赴約意願，加之以心情的輕鬆，這頓飯保證吃得愉快。

日前，我們兄弟聚會，哥哥及弟弟兩家人浩浩蕩蕩開了兩輛車來，就怕沒地方停車。在經過我們家鄰居門前時，看到一則告示：「停車，請留下電話。」他們開心的在車窗內留下我家電話，然後安心的在寒舍暢談了一晚。

另一次，一位朋友來訪，他說：「你們這兒滿好的，忙著找停車場時，看到『停車，請勿太久。』的牌子，總算有了落腳處。」我們談了半小時後，他便匆匆離去，他說：「別人體諒我們無法停車之苦，我們更要體諒主人的用心。」

在我家附近，另有一處告示牌：「晚上停車的先生、女士：早上七點二十分前務必開走，以便營業。」

這些准許別人停車的告示，都能減少工商時代人與人之間的隔閡。如果人人能互相體諒，那句：「給人方便，就是給自己方便。」就不再只是口號了。

（原載八十三、九、七《聯合報·「鄉情版」版》

向闖紅燈說不

拜讀八月一日鄉情版「這款的台灣」——「闖紅燈 有一就有二」一文，眞是深得我心。我是一位摩托車「騎士」，每天上下班不知經過多少紅綠燈，但與該文作者一樣堅持原則，任何時間、地點絕不闖紅燈。

此舉難免會遭到排在後面汽機車的喇叭催促聲，然而我絕不動搖，他們對我也無可奈何。我經常要求自己，做個守法者。

好幾次，在等綠燈亮起時，有年輕人闖紅燈，當時氣憤又看不過去，我按喇叭警告他們，有人回頭看看我，有些不好意思。我想，這也是一種機會教育吧！

有時坐朋友或同事的車，他們若想闖紅燈，我則好言相勸，如果不聽，下次就不會再搭他們的車，因爲自己是一根腸子通到底的個性，相信朋友也能諒解。

（原載八十三、八、十五《聯合報》三十四版）

遵守交通安全・發揮禮讓精神

開車不爭快，繫緊安全帶。

道路大家走，規則大家守。

我想，「容忍納百福，禮讓致千祥」這段話用在交通安全上再適合也不過了。

每天上下班，所看到怵目驚心的車禍實在太多，尤其每到天雨，高速公路的交通安全就令人擔憂，總歸一句，不遵守交通規則，互不相讓，是肇事的最大原因。因此，我們要每天「高高興興出門，快快樂樂回家」，就應從下列幾方面著手，大家平心靜氣去實踐，必然會有一片藍天：

一、行人要走人行道：行人常犯錯誤有下列幾項：

㈠不依照標誌號誌或警察的指揮；

㈡不在人行道上通行；

㈢不依照規定擅自穿越車道；

㈣在交通頻繁的道路或鐵路平交道附近遊戲，因此阻礙交通。

㈤不遵守看守人的指示及「停、聽、看」而強行闖越平交道，據統計全省平均每年死於平交道的有一百三十五人呢！

台北市最近實施行人未按交通安全規定者，罰款或立即予以交通安全教育，其目的在警告行人注意危險，以維護交通秩序，並保護行人的生命安全。

二、喝酒不開車，開車不喝酒：酒喝多了，造成神志不清而誤事，有許多喝酒開車撞死清道夫的案例，造成許多家庭破裂，開車不能不愼呀！

三、不可超速行駛：超速行駛在所有車禍原因當中，仍高居首位，這顯示國人仍然有「趕」的心理。讀者不妨仔細站在馬路邊觀看，只要綠燈一亮，所有車輛都衝了出去，有些人甚至連紅燈也闖，車禍怎麼不發生？我們中國人一向是禮儀之邦，該重拾禮讓精神了。

四、重視兒童安全：據一項調查，兒童意外死亡，車禍因素居多，而且平均每年約有二四〇名的孩童，死於非命。大人正確的乘車防護常識及駕駛習慣，極爲重要，下列幾點應該注意：

㈠車子開動及倒車前，應先察看四周有無小孩再開車。㈡行經住宅、巷道、公園或兒童上、下學道路，應特別留心步行或嬉戲中的小孩，並減速慢行。㈢遵守學校老師之交通指揮，並禮讓學童。㈣看到乘自行車的小孩，保持安全距離。㈤小孩在車上，所有安全工作做完後，再快快樂樂出門。

總而言之，所有交通事故，都是「急」、「趕」、「不讓」等平日疏忽所造成，與其做好善後處理，不如「容忍納百福，禮讓致千祥」更好，您說是嗎？

（原載八十二、十二、十八《青年日報》）

交通安全徵文比賽投稿佳作

對地下管線來次總體檢

台北縣板橋市路面地下瓦斯爆炸，造成許多民衆財產損失及無家可歸。有人拿這次火災與日本神戶地震相比，可見其災情之嚴重。更有人指出，如果管理不善，我們猶如站在一顆不定時炸彈上。

細數地下管線包括：電纜線管、油管、電話線管、瓦斯管、自來水管及下水道涵管等。各施工單位將這些管線埋下後，除了做標記外，更應定時檢驗及測試。這次瓦斯管之安全閥銹蝕，就是平時保養不足所致。甚至自發生爆炸到關掉總開關，歷時約一個多小時之久，中間一定有人不熟悉管路圖，否則何以延誤如此長之時間？因此，凡埋有地下管線之單位，應：

一、訂定測漏週期及標準檢驗程序。

二、訓練所有值班人員熟記標準操作程序及緊急應變措施。
三、値班室懸掛管路位置圖（含閥之位置）。
四、經驗傳承：原始埋管的人，如調職、離開或升遷，應將經驗傳承給接班人，方不致脫節。

政府相關單位應趁此次機會，由行政院主導，對全國各地之地下管線做一總體檢，使我們有一個「合理的日常生活」。

（原載八十四、二、五《聯合報》民意論壇、十一版）

防漏水，管線健檢

據立委指出，臺灣一年漏掉兩座翡翠水庫的水，不但讓人覺得好可惜，甚至讓人有暴殄天物之感。如果這些水沒有流失，一定可拯救許多廢耕的農田，增加農作物生產量，對政府拚經濟絕對有幫助。

其實，漏水原因不外輸水管線老舊、自來水開關閥失靈、水壓不穩，脹破管線等等因素，目前漏水之嚴重，已偏離合理漏水率範圍，水利署應該迅提出解決之道，讓全民來共同參與。

筆者覺得在缺水嚴重的當下，除了要節約用水外，更要實施漏水分區檢查，並查明原因，如屬管線老舊，能夠馬上更換，就立刻換；否則就列計畫逐年換新，如果是自來水開關閥失靈，就馬上換，有時只是橡皮墊圈破損，只要換上墊圈便不漏水了。

至於建立漏水通報系統，更是刻不容緩。只要有人通報，自來水公司便立刻派人前往修理，以減少流失率；同時，也別忘了給通報人適當獎勵。當然，自來水公司對水壓的控制，亦應愼重，以免自來水公司的全神貫注下，留下水資源不會是夢。

（原載九十一、四、十六《人間福報》讀者論壇與投書、十一版）

電的世界外一章

寫作最大的樂趣，是作品的發表，而刊登後又能得到讀者的共鳴，更是開心。李長芬女士閱讀拙作，而在電力常識方面有所收穫，則是筆者意想不到的事。這件事因而鼓勵我，更要努力下功夫，去挖掘知識的寶礦，寫出更多更好的文章。

李女士去電力公司，除了拿到如何省電的資料外，不知是否拿到「現代保健食譜」、「江浙菜」、「北平菜」、「湖南菜」等食譜？這些由臺電公衆服務處印製的食譜，可眞幫了我不少忙。筆者一向喜愛美食，但更愛保健，平日與內子輪流做菜，參考臺電的食譜，全家人吃得津津有味，像香菇蒸蛋、涼拌雞絲、菠菜豆腐羹、高麗捲等，不油膩又可口，又有助健康，而火爆蔥牛片、蠔油劍筍、清宮茄段、青豆炒蝦仁，開胃又下飯，眞感謝臺電。

李女士將筆者寫成王「照」慶，這「照」有誤，應該是王昭君的「昭」。筆者三十八年來臺時，戶政事務所承辦員也曾將這字寫錯，害得家父還花了四元新臺幣去更正呢！

拉雜談來，算是「電的世界」外一章吧！

（原載八十三、八、十五《中央日報》電的世界、十八版）

燈下夜思

一、請擴大招訓修護班

前一陣子，在中華日報上，有一則廣告，是臺電新營區營業處免費招訓「用電常識及屋內線路簡易修護班」，對象是十八歲以上，營業區的用戶。而學習內容則包括：

一、家庭用電設備正確使用常識（照明燈具、冷氣EER、如何選用電器等）及節約用電方法。

二、挿頭、挿座、開關、保險絲、屋內線路、電鍋等簡易操作。

三、水龍頭及廁所水箱漏水處理。

看到這消息，感到好興奮，這些用電常識及室內線路修護技術，許多是筆者所欠缺的。可惜家在高雄不能參加，好羨慕新營地區用戶。日前，家中的廁所水箱漏水，請水電行派師傅來修，先後來了兩位都沒修好，兩個人都說：「沒有成就感。」我心想，如果自己會修，該有多好！不知臺電能否將服務範圍擴大，高雄也能辦理招訓。當然，一定會花費不少人力、財力、物力。不過，對用電戶而言，一定會感激不盡呢！

二、不可在大雷雨中行走

日前，在宜蘭縣南澳鄉，兩位鄉民在大雷雨中共乘機車，途經大濁水橋時，遭到雷殛，造成一死一傷之慘劇。

一般而言，大雷雨時，必會產生閃電。何況人體本身就有靜電，如不幸接觸到閃電，不死也傷。宜蘭那位鄉民，被雷劈中後腦、頭部、而背部也焦黑，連雨衣也有燒焦痕跡，眞令人難過。

總而言之，爲了自身安全，如遇大雷雨，迅速躲避至房屋內，大樹下也很危險，千萬注意。

（原載八十三、十一、二十一《中央日報》電的世界、七五〇期）

共同維護電線桿的潔淨

我家門前那支電線桿，不但照亮了走過我們巷子內的人們，更是我們這條巷子的守護神。我天天注視著它，發覺其功能之多，令人咋舌。不妨說給您聽聽：

一、第四台天線桿：自第四台獲准設立後，電線桿就變成第四台的天線桿，各家天線林立，五花八門，而且不時在天空飛舞。

二、電話線桿：我們這一帶鄰居家中的電話，就靠它為我們搭起友誼的橋樑。

三、「選舉看板」桿：無論各種大小選舉，候選人都很愛它，不但掛著候選人的旗幟、畫像、更有宣傳單，眞是琳瑯滿目，「美」不勝收。

四、廣告桿：凡收集舊衣、搬家公司、修理水電、鐵門、清潔廁所、修漏等廣告，均以它為家，均以它為榮。可惜大部分人只會張貼，不知道撕下，可苦了我們環保局的清潔隊員。

五、堆放垃圾處：有些鄰居為了方便，常將垃圾扔於電線桿下，雖貼有「此處不可丟垃圾」，但他（她）們視若無睹，令人遺憾。

六、小狗霸占地盤處：每有小狗到電線桿下，先聞它一下，然後再撒泡尿，表示此處已為我占。在我沒注意時，沒隔多久，電線桿旁已有好幾處狗屎。我冥冥中聽到電線桿在抱怨：

「唉，我什麼時候又變成狗廁了？」

細數電線桿功能如此多，是當初電力公司工程設計人員所沒有想到的。但有些功能卻是要靠人們的公德心去消除的。希望人們還它一個乾淨清新的面貌吧！

（原載八十四、三、八《中央日報》電的世界、七六四期）

阿輝伯看到了嗎？

扁宋會後，前總統李登輝跳出來砲轟，他語氣激動地說，總統與一個小黨主席簽署聲明，好像國與國的外交聲明，究竟代表性何在？合理性與合法性又在哪裡？「做不對啦！」「這是笑死人的大代誌！」

平心而論，阿扁在扁宋會前，據報亦曾向李先生打過招呼，但結果並不如李先生的意而已。但李先生要歷史定位，阿扁也要歷史定位，朝野和解是當前的趨勢，至少扁宋會的十點結論，大多數民衆都同意。而李先生卻跳出來砲轟，就不夠厚道了。

如果當初，李先生卸任總統後，選擇去傳教，而不問政治，就不會生這麼大的氣了。美國前總統柯林頓就是一個很好的例子。他於二〇〇一年一月廿日卸任之後，積極參與公衆事務，風塵僕僕奔走世界各地，推動各項計畫。像去年十二月東南亞與南亞發生強烈地震與大海嘯浩劫後，接受布希總統邀請，與老布希出面領導美國對災區的救援與募款，並在二月廿日親赴受創最重的印尼亞齊勘查災情。柯林頓也接受聯合國秘書長安南的邀請，出任海嘯受災國特使。日前一項民意調查顯示，他是美國歷史上聲望第二高的總統，與林肯齊名。

一位退休總統能夠活得這麼快樂，甚至於有如此高的聲望，是他用做公益的心，走入群衆，使心胸更寬闊。對照仍浸淫在政海，天天還在爲意識形態或政黨鬥爭「氣神勞命」的李前總統，筆者眞想說：「阿輝伯，公益、傳教最樂，政治的事太複雜，就請您適可而止吧！」

（原載九十四、二、二十八《中國時報》時論廣場、十五版）

消防訓練不可疏忽

在安全的領域中，有句話說：「沒有永遠的安全。」各機關、學校、大廈、公寓，每天做安全檢查是必然，也是當然的事，更重要的是人人必須會使用安全設備。我們常在滅火器上看到「可以百年不用，不可一日不備」的警語。因此，消防車的操作訓練，滅火器的使用是防火絕不可疏忽的兩件大事。尤其現代公寓、大廈林立，每一家住戶都應該會使用滅火器，安全才不會疏漏。

（原載八十二、三、卅《國語日報》彩色世界）

熟悉外勞風土習性　避免衝突妙方

繼台塑麥寮六輕之泰、菲外勞打架事件後，斗六福懋公司亦發生泰國外勞與警衛肢體衝突、靜坐抗議事件。筆者平日所接觸的外勞管理中，許多誤會常常因不了解而發生。據報載福懋公司外勞事件中，四名泰勞喝酒逾時返廠，超過二十分鐘被警衛登記，登記後又不讓進廠，並摸泰勞的頭，而發生衝突，因爲泰勞認爲摸頭是污辱他們的意思。從泰國代表處人員與廠方四點協議中，即有一條「泰勞希望廠方多注重他們的習性及飲食」，可見「知兵識兵」的重要。筆者所知泰勞習性可提供參考：

食：泰國人吃飯很慢，不像我國人那麼快。他們上廁所用左手，右手是要拿吃的，不可弄混。

衣：他們愛清潔，在家鄉時常常一天洗二次澡。由於泰國夏天和冬天天氣差不多，如果來台碰到天寒便不能適應，易發生感冒及水土不服之情形。

住：大部分人在進房子之前，一定要先脫鞋子，洗二次腳再上去。

管理：㈠管理泰勞按工作契約書，不可臨時分派工作。㈡不要對他們大聲講話，否則他們認爲是在責罵他們。㈢不要用腳指人或東西，這是最大禁忌。

（原載八十六、七、卅《中國時報》時論廣場）

誠實的洗店老闆

看了貴版「我拿回了現金」一文，眞予我心有戚戚焉。不覺使筆者想起在美國俄亥俄州克里夫蘭市自助洗衣的故事。

去年，內子仍在美國留學期間，筆者前往探視，並協助處理生活起居。我們常去克城小義大利區一家自助洗衣店洗衣服，每洗一次最少要丟一個銅板（美金二角五分）。有一次，我們一連丟了六個銅板進去，洗衣機仍然紋風不動，當時老闆又不在，便自認倒楣。於是另外換了一台洗衣機，重新丟。

過了兩天，我們再去洗衣服時，看到一位美國小姐告訴老闆，洗衣機吃掉她兩個銅板，老闆毫不猶豫的將錢退給她。內子見狀，馬上跑去向老闆申訴前兩天被洗衣機吃錢的經過，老闆二話不說，也立即還給了內子六個銅板。這件事令我們感到好窩心，因爲他是如此相信毫不相識的消費者。

（原載八十九、四、十四《聯合報》消費、三十五版）

不做虧心事

日前，在西班牙巴塞隆納奧運電視轉播時，巴西竟然發現潛逃至西班牙的重要經濟罪犯。有人看到一名涉案的巴西的工程師跟他的祕書，出現在報導奧運的電視畫面上。當時他們兩人正在跟其他巴西球迷一起觀賞奧運排球賽。巴西警方要求西班牙警方，立即逮捕經濟犯。因爲這個人背了二千萬美元的債務。

古人說：『平生不做虧心事，夜半敲門心不驚。』巴西這個經濟犯，再怎麼也沒想到會在這種場合被抓到。所謂「天網恢恢，疏而不漏」，眞是有道理的。

從小，母親就告訴我「憑良心做人做事」。她說：『舉頭三尺有神明，你做了虧心事，報應馬上就會來。』母親雖然早已離開我們，但是她的話一直留在我腦海中。巴西這個工程師的故事，更印證了她老人家的金玉良言。

（原載八十一、九、十《國語日報》少年版）

公德心要隨年齡成長

筆者在一家政府開辦的老人活動中心擔任志工，發現大部分的老人都很可愛，也很自愛。但少部分人的表現，卻讓人失望，並且難以尊敬。

就以洗手間的衛生紙來說，有人常將整卷的紙拿走，讓別人無法使用，逼得中心決定把衛生紙放於服務台，需要用時，再向服務人員索取，造成自己及別人的不便。而報紙、雜誌也常因自己喜歡，就讓它開了天窗，讓其他的人無法再看。

另外，有位七十多歲的長輩，向圖書室借了兩本書，卻不愼遺失，按規定，是要賠同樣的書籍或照市價賠償；但他卻隨意拿了二本書來還，管理圖書的志工不同意，他卻找中心主任理論；似乎欠缺一位長者應有的風範。

另外，中心還非常人性化地提供一處供老人午間休息的空間，並備有躺椅。由於使用的人數衆多，有些人便全天霸佔，人不在時，便用手提包或報紙占位子，不讓別人使用；也有人不常洗澡，汗臭味便四處飄「香」，引起其他長輩的反感。這些不注重公共衛生及道德的行爲，實在值得長輩留心注意，避免干擾到別人。

在一個進步的社會中，老人的確是應該受到尊敬；如果老前輩也能重視公共道德，不但可以減少管理人員之困擾，而且受尊敬的程度，可能讓老前輩自己都嚇一大跳呢！

（原載八十九、七、二《聯合報》家庭生活周報、三十四版）

體力就是國力　何妨一起努力

行政院長張俊雄在授旗給參加世界杯棒球賽我國代表隊時指出：當今國際體壇「體力就是國力」，中共當年就是用乒乓球走進聯合國。他這句話的確是事實，但以我國目前欠缺完善的制度及培訓計畫而言，想要與中共一樣揚名國際，還得靜下心來，參考大陸有計畫培養體育人才的辦法，徹底檢討，才是上策。

中共體育能在世界揚眉吐氣，實因他們對有潛力的人，從小就加以訓練及培養，在退休後也安排很好的出路。因此體育人才不虞匱乏。

反觀我們，想到那裡做到那裡，毫無計畫及制度可言。大家都知道，運動既然可以團結國人，激勵人心向上及不畏艱難，同時，更是國力的保證，那我們爲什麼不下定決心，在此次世棒賽後，參酌世界各國培養體育人才的優點，再針對國情，擬定可行方案，未來進軍國際絕對不會是夢。

（原載九十、十一、七《聯合報》民意論壇、十五版）

丟到我家門口吧！

四月十一日看到鄉情版「爲別人想一想」一文，頗獲我心。平心而論，「垃圾」是永遠打不完的仗，丟到那裡都惹人厭，要等垃圾車來，時間不可能配合得恰恰好，因此，那裡丟得最多，就往那裡丟，此乃人之常情。但我所住的地方，處理垃圾之事，你看後，一定會感到滿窩心的。

我們這個里，以往都是清晨收垃圾，家家戶戶聽到垃圾車聲音後，趕緊將垃圾送出去。但後來卻改爲晚上九時在定點收垃圾後，麻煩就這樣產生了，因爲，誰也不願自家門前堆垃圾。所幸，剛好住在巷口的里長，看垃圾車停車方便，告訴大家：「就丟在我家門口吧！」一場垃圾之爭便消弭於無形。

每年春節前，里長都會發通知給各住戶，告訴大家，何時將垃圾送出，何時可將大件廢棄物放在自家門口，他都事先協調好環保局清潔隊派專車來運走垃圾。

由於他熱心服務，競選時沒花過一毛錢，就當選。馬上又要選舉了，相信他一定會連任。

（原載八十三、四、二十五《聯合報》鄉鄉、三十四版）

回憶篇

百年老店——二〇五

不到二〇五，你將會孤陋寡聞
不到二〇五，看不到夢已成眞

楔子

參謀總長劉上將今年曾到高雄左營「四海一家」接見新聞記者時說：「近年來國防預算比例一再削減，但面對中共積極擴張軍力情形，即使是經費困難，國軍也需要進行汰換更新工作，以增強戰力。」這段話對聯勤二〇五廠伙伴們是一項挑戰，他們以一顆不變的心，永恆的愛，淬礪奮發，踏著先賢的步伐，薪火相傳，以求製造更精良的武器，使國軍立於不敗之地。

雖然我已經是一位榮民，但在聯勤二〇五兵工廠副廠長任內，與大夥兒一起打拼，將成千上萬品質優良的新式六五K2步槍及二〇機砲送到部隊、艦上，那份喜悅、艱辛的心路歷程，至今仍魂縈夢牽。那段歲月，更使我刻骨銘心，畢生難忘。

傳承

早自清同治元年（公元一八六二年）李鴻章深感聯軍船堅炮利之優勢，急欲提升我國兵器裝備力圖振作。他認爲要國富民強，必須鞏固國防，並接受西洋科技，以便「師夷之長以制夷」。因此他上書朝廷，首先在上海創設炸彈三局，並派容閎出洋購買機器，從此，開創了兵工大業。清同治三年（西元一八六四年）上海製砲局正名爲江南機器製作局，繼續製造槍砲，也奠定了二〇五廠的百年大計。從江南製造局，爾後陸續改名爲金陵製造局、金陵兵工廠、第二十一兵工廠、聯勤第六十兵工廠、直到今日的聯勤二〇五廠。迄今一百三十二年，悠久的歷史，輝煌的成就在在都值得我們去報導，去發揚。誠如民國八十二年七月第一〇七期尖端科技雜誌所稱：「整個二〇五廠的歷史，可追溯自一百三十餘年前，算得上是一個金字招牌的百年老店，從最初火藥、子彈的製造、到現在全系列國軍經兵器的生產；從早期國外機具、人員、技術、藍圖的全盤接受，到現在自行設計、規劃與生產流程的設定；如今的二〇五廠早已非昔日的吳下阿蒙。而百餘年來的辛酸血汗，呈現在一般人眼前的只是一小部分，眞正在背後不爲不知的除非身處當時情況，箇中滋味實不足爲外人道也，而在往日的盛名與今日的需求下，今後要走的仍將是一條艱辛而漫長的路……。」

「尖端」不但肯定了二〇五廠，更鼓舞了二〇五廠。使大家充滿信心向前邁進。由於許多傑出人物及優良產品，才使二〇五廠有今天些許成就。

兵工之寶—李耀普

百餘年來，二〇五廠最爲人熟知的是抗戰時所發展的「馬克沁」重機槍，不但使敵人驚訝更聞名中外。而設計這槍中最具代表性的人物就是兵工之寶—李耀普先生，他終身從事兵器研究和製造工作，直到八十餘歲去世。

李耀普是漢陽兵工專門學校第一屆畢業生，自民國十八年進入二〇五廠工作，從上海、華陰、金陵以至高雄，五十多年來，他婉拒所有民間的重金禮聘，始終如一的埋首於兵工研究發展工作，爲增強國防力量貢獻心智。

我國早期的兵工事業雖然尙稱發達，但是每個兵工廠出品的槍枝、子彈型式都不相同；後來俞大維先生任兵工署長，統一了生產的規格，才使得武器水準提高，產量顯著增加。李耀普總工程師生前曾告訴筆者，在走過半個世紀的年代，最感快慰的是見到我國兵工從手工至大量生產，從不同型式到統一標準。

抗戰時，第一挺由國人自製且統一生產的武器是改良仿造「馬克沁」重機槍。當時在重慶擔任這項重要工作的主持人就是李耀普工程師。以當時我國科技水準來說，這是一件難上加難的工作，但是李耀普成功了，他的成就使所有的外籍顧問另眼相看。李總工程師曾告訴我們：做研究工作不要怕困難，不要怕失敗，做壞了大不了重來，十次、百次、千次總會成功的，給兵工人員極大啓示。

由於「馬克沁」一舉揚名，從此以後，「李耀普」三個字在我國兵器製造業者的心中有了深刻的印象；曾有一段時間臺灣省煙酒公賣局爲了香煙包裝機煞費苦心；當時唐君鉑將軍就向有關方面推荐了李耀普，他以四個半月的時間設計製造了切煙、捲煙、包裝、貼封籤等機器，並經試用性能優越，爲國家節省了鉅額公帑。

又有一次，「高雄」一家報社的高速彩色印報機發生拉紙的毛病，找遍了專家仍無法解決，李耀普應聘後搬了一張椅子，在印報機前坐了一天就把缺點找了出來，並立即予以改良。

回顧政府播遷來臺之初，臺灣工業尚在起步階段，而六十兵工廠的技術設備卻居於領導地位，當時在空調室內製造「量具」（印樣板）加工精度達千分之一公厘，在極端艱難環境中生產軍品，同時以技術支援三軍及友廠，如研製國防部之何氏砲兵射擊指揮儀、何氏射向操縱儀、陸軍第二總醫院醫療手術刀等等，均以高超技術予以解決。其他如協助裕隆公司之汽車零件，翻砂技術，以及指導民間的「刀具」、「量具」及工作母機製作，結果四十多年來，臺灣民營工業突飛猛進，二〇五廠雖然也有一份貢獻，但從沒有人居功。

槍管校直廠寶—吉兆華

二○五廠是槍彈廠，而槍管卻是槍的靈魂。做槍管少不掉冷鍛機，雖然冷鍛機可以做到許多令人無法想像的高精密動作，但仍不能保證其所製造之槍管都可符合要求，因此事後的品管與檢驗工作就更重要了。在這方面，他們採用最古老也最可靠的方法，以老師傅的肉眼來校直。在生產流程中，這個校直是最重要的步驟。這項標準作業程序是吉兆華老師傅拿起一根槍管，然後將槍管架在一個特別設計的固定架上，再以肉眼檢視槍管有無變形、來福線有無中斷、纏度過密或過疏、槍管壁是否均勻、有無過厚或過薄的地方，然後取下槍管，將它放入合格或不合格的區域中，整個過程費時極短，卻是數十年經驗的累積，由於經驗的代代相傳，也成了二○五廠成長的原動力。吉兆華先生自大陸南京進廠，以四十多年之經驗，已成爲槍管校直廠寶。看他熟練的動作，神采飛揚的精神，品質是可以打包票的。

六五K2步槍水噹噹

五、五六公厘T六五K2步槍，目前已配發高中及大專學生軍訓課程使用，是學生們的福氣。這種槍係重量輕，空氣冷卻、氣體傳動、彈匣給彈、可做半自動、三連發放或全自動射擊之肩射武器。

此槍之零組件，包括槍管總成、上護手總成、準星座總成、照門座總成、上節套總成、瓦斯筒復進簧及桿、復進簧襯套總成、下護手總成、擊錘、槍閂、擊針、槍機、槍托總成、彈匣總成、下節套總成等，如果再詳細分則有一百二十多項，一個螺絲都少不得。一枝槍的完成，從原料的獲得，到槍管、槍機、槍件、配件、沖壓、機箱，再到品保測試、裝槍，一批又一批，大家常常不眠不休。每通過一批，都大聲歡笑，甚至流下淚水。

每次聽到「槍，在我們的肩膀；血，在我們的胸膛；我們來捍衛祖國，我們齊赴沙場……。」時，想到那枝槍就是國造六五K2，血液就在沸騰，因爲我們的汗水沒有白流。

二〇機砲響徹雲霄

去年在台北世貿中心及高雄中正技擊館的資訊館出盡風頭，可以三百六十度旋轉的二〇機砲，就是二〇五廠的傑作。

二〇機砲爲一轉輪式電擊發砲，使用電底火、射速高、體積小，可依戰術需求調整射速，操作簡便。保修容易，適於各型艦艇、快艇、飛機及戰車、裝甲車輛、輪型車輛等裝載，可作防空、制海、反裝甲之有效武器。

國造二〇機砲性能優越，全砲造價較南非G12及瑞士奧立崗之二〇公厘機砲便宜，全砲重約三百公斤，較奧立崗GAM—B1二〇公厘機砲之四二〇公斤爲輕。

爲了測試二〇機砲，我們不停的在全省各地海邊日日試射，也曾在海上追逐獵物。最難忘一次，是在聯勤及海軍總司令面前眞槍實彈驗證，二座砲毫不示弱的表現出海上雄風。砲彈連連擊中目標，海軍及聯勤健兒們高聲歡呼，多少年的辛苦及努力，總算有了收獲。

尾聲

二〇五廠在抗戰及遷廠來台復建的二段歷程是最令人懷念，那份艱辛至今人人難忘。抗戰時期物質極端貧乏，猶能發展新武器，達成生產任務，最重要的是大家有「保養重於修理，修理重於購置」的觀念，而同仁間充分發揮了上下一心、團結合作的親愛精神，做到支前安後之使命。

來台初期，全體同仁及眷屬，集居在青年軍二〇二師讓出的營房，每棟廠房擠住一百三十餘戶，在同食大鍋飯、同睡大坑舖的艱苦生活中，展開復建工作，同時派員巡迴全省各軍中檢修槍砲械彈，完成金陵兵工廠第三代使命。二〇五在許多前輩們的帶領下，已奠定深厚基礎，惟在「不滿足就是進步，要努力才有前途」之信念下，人人奮發，傳承何應欽上將所題金陵兵工廠的十六字廠訓「親愛精誠，忠實職務，公正廉潔，勤儉求知」，凝聚一股牢不可破的力量，也爲總長劉上將的話做了最佳註解。

那一群槍彈專家

序曲

筆者於聯勤二〇五兵工廠副廠長任內，能認識今年已經八十歲的陳爾活老前輩，眞是畢生的榮幸。從他那兒，得知今天國人能自製彈藥，是經過多少人的艱苦奮鬥及披荆斬棘。再聽他談起製彈機由大陸來台的那份辛酸，更讓我悸動不已。

槍彈機來台路坎坷

製造槍彈最重要得有槍彈機，二〇五廠從遷廠來台先後四十多年所使用之槍彈機，對國家及國軍的貢獻，是不容否認的事實。但將槍彈機千山萬水辛苦自大陸運來台灣的故事，聞之卻令人鼻酸。

抗戰勝利後，軍政署由行政院撥到一筆爲擴建新廠所用的部份加拿大借款，向加拿大政府購買魁北克兵工廠庫存停用的〇・三〇三寸口徑，槍彈機器A、B二組及，9公厘口徑槍彈機C、D二組。除各組機器的電氣設備改裝成我國所習慣用者外，其中B組並經兵工廠負責修改妥當之夾具及餵料系統，以利我國製造七．九公厘口徑槍彈。民國三十七年該四組機具陸續抵達國門—上海，未料時局動盪，三十八年五月，兵工廠人員奉令拆遷至海南島。機器物質有七千餘噸，大多數均未裝箱，僅在墊板上以鐵絲捆綁固定其上。金屬材料頗多散裝，卸車裝船都十分困難。由株州至黃埔港的陸路運輸係分許多批列車，每裝妥一列車就離開株州南下。那時粵漢鐵路該段路線北上南下的列車十分頻繁，加以株州車站剛好有空軍的一列車疏散物質，不愼起火，引起爆炸，整個車站，除鐵軌及月臺外，全部燒燬，處處還冒著煙，往來列車都受到阻礙，誤點誤得離譜，有時貨運列車在沿線站裡站外一停就是一整天。每列車上除了物質機器外，還有員工、兵、眷屬。到達黃埔港，員工兵眷則在港邊空地搭帳暫住，等待上船，一車車的機器及物質，在黃埔港不分晝夜的裝船，裝滿整貨艙。客艙及甲板上全搭滿員工、兵、眷屬。如此一船船開往海南島。轉運人員爲早日達成任務，都希望一艘接一艘的裝運，即使犧牲睡眠也在所不惜，但當時申請船隻十分不易，申請單位很多，船隻也不敷分配。有時就得等，如此裝裝停停，直到九月中旬以後，才使預定的機器物質及人員全部運出，惟轉運人員仍不能離開，因辰谿槍彈廠尚有一批約五十名員工眷屬及數部借用製復裝彈的A組銅殼收口機來到。轉運人員爲此大費周章，船隻無望，而航空公司總以沒有班機拒絕。最後以「美金付現」，求得最後一班飛機。當辰谿人員到達時，個個狼狽不堪，一問之下，才知半路飛越貴陽山區，飛機有一引擎失靈，飛行力不足，駕駛要他們抛棄吃重的東西，如此才保住穩定飛行，勉強飛抵廣州。當時廣州已經不穩，市內混亂，他們到達那天正值農曆中秋節，但人人都心緒不安，飲食難以下嚥，何來心情賞月？明月雖美，想起國仇家恨，不覺淚水滾滾而下。

且說部份人員所乘最後一艘三千噸之小船永源輪開赴海南島的半途遭遇強颱風，被吹打得東倒西歪，幾乎沉沒。吹過海南島，祇因船身傾斜過甚，而不能轉彎入港，任憑巨風吹過去，幾近越南。據說船長已準備擱淺到越南砂岸上，幸而颱風及時停止，才能轉舵回航。船與船公司的代理行間的通訊中斷了近一週後，終於接獲其入海南島榆林港的消息，轉運人員如十五個吊桶七上八下的心情，才算平靜下來，而專心等待最後撤出的人員。誰知次日廣州機場紛亂，因飛機小而人多，將我們兵工廠分成二組。一組先飛，中途在三造島就降落，人員下機後，飛機回廣州再接下一組人，該機就是爲撤離用的。當最後一組人都上機後，在跑道上滑行待發，機場機開始亂成一團。他們要搶搭該機，鳴槍示警，駕駛一看不對，便加速滑行，有人便向飛機開槍，幸而未中。駕駛急急加速飛離地面，他還說本來打算到了三造島後準備再回來一次，現在這種情形，他決心不再回頭了。

虎落平陽被犬欺

所有拆遷人員平安離去後，我們留守人員當晚就撤離黃埔，我坐在行李車上開行在前，其他人員一車在後，飛馳入廣州，也沒想到在荒郊野外的半途中，被土匪趁火攔劫，落得虎落平陽被犬欺，土匪個個兇神惡煞，手拿大頭六火（大型左輪）指向我們說：「不許動！」司機那敢動？他們看我穿著馬虎，又一人坐在行李車上，以爲我是勤務兵，身上沒有油水，就擺擺手讓我走，司機就慌張踏動馬達趕緊跑了。轉過了前面山坳，我回頭沒看到後面的車跟來，要司機跑去看，他不敢，只慢下來等，好半天才見他們來了，並揮手示意我先行。直到廣州碼頭下車後，才知他們都被洗劫去身上僅餘的少數現款，老劉僅有的一個手提箱也遭劫了，搶去一生的積蓄，恨得他咬牙切齒。而鮑老一面拍著他的肩安慰他，一面催促各人趕緊上船。最僥倖的是鮑老上車前把到香港所需的公款，包括美鈔及港幣交給我帶著，竟逃過一劫，誠非預料所及。

我護送鮑老夫人先撤退到香港，次日鮑老等一群人也趕到。我於碼頭迎接他們時，他們那副狼狽不堪的情形，令我十分驚訝。原來他們千辛萬苦才擠上最後一班船，那時共軍已入廣州，到處都是逃難人潮，壅塞在各要道。當船熄去全部燈火，摸黑離開廣州，以爲可以逃過共軍耳目，誰知煙囪冒煙，螺旋槳鼓動河水有聲，很快就被郊外共軍發現。沿途有幾次遭共軍鳴槍示意停船，船長都不理會，且更加速強行通過，於是共軍便以機槍掃射，全船人都伏臥艙面上，所幸天黑，共軍看不清目標，掃射的槍彈打得也高，槍聲漸行漸遠，幸運的是人員沒有傷亡，總算逃過那一災難。

陳老敘述這故事時，眼圈有些濕潤，並說：「我與這幾組槍彈機，有極深厚之感情，當年在黃埔碼頭上仰望著吊桿，一一卸車裝船，恨不得一下子就能裝妥的焦急的情景，至今記憶猶新，也終身難忘。」

彈無虛發靠科技

一顆槍彈，尤其是一顆小口徑的槍彈，看起來不起眼，有什麼了不起？它不過由幾個小零件，包括銅殼、彈頭、底火、底火藥及發射藥所組成。但是別看只這幾項零件，如果要製成全彈，大約有一百多個程序，涵蓋範圍極廣。尤其現在槍彈規格要求極嚴，從生產計劃、製造及作業人員對槍彈的金屬、零件的治煉、壓、處理、沖壓等工程，其金相組織及底火藥製造的化工工程，沒有充分學識就不用想製得好。在製造上的各個程序上，每一個有違原理的操作或動作都能招致錯失。

聯勤二〇五兵工廠所製造的槍彈係小口徑槍彈，包括二〇公厘槍彈在內，全屬中心擊發彈藥類，其製造有一套經過嚴格且高度發展而成的完成成形作業程序。一顆槍彈，尤其是它的銅殼，係設計使它能適當擊發，並能重複使用達數次之多。舊銅殼經過去底火、清洗、重收口整形，再裝底火、發射藥及彈頭者稱爲復製彈。因爲銅殼製造相當複雜，需時長久，而且所需銅料佔全彈的大部份，其製造經費也最多。銅殼如此收口、重複使用，不但可以節省許多經費，更能爲作戰爭取時效。爲達此一目的，必須嚴格符合尺寸，且具有規定的最低的機械性能。此等條件或性能保證銅殼於擊發瞬間彈性膨脹，封住自後膛起的整個槍管，卻不黏住彈膛上，只使之不漏焰。彈頭出槍口後，它又能立即縮小，以利退殼，亦即具有脹得快，而又恢復得夠緩慢到能防止爆焰竄入膛後的性能。所以槍彈製造，對其所用材料及其製造程序上的一切作業，必須嚴格控制。二〇五廠有今天的規模，都是前人不朽的心血結晶所遺留，令人有「前人種樹，後人乘涼」之感。

嘔心瀝血製槍彈

陳老提到製槍彈時幾件心血結晶：

(一)、銅片回火的故事

有一次回火爐的製造廠，Rockwell 的董事長 Kentnor 先生來廠，我陪他看看本廠使用他們工廠所製爐子的狀況。他認爲本廠對爐子保養維護很好，但又說：「爐子燒得不夠爐火純青。」於是我請教他，他指出「爐子燒得好壞不僅是各段溫度表顯示數須合規格，最要緊是爐膛二側牆各段的火候須一致，牆上的火色由進口的預熱段而至加熱段及保溫段，須由暗紅而逐漸變成朱紅，再進而變成有一段朱黃，然後逐漸還原。如此二側牆有一致的輻射熱，通過爐膛的二行片卷吸收的熱量才會一致，所得結晶才會均勻。上述的火候或爐牆火色，是爐膛內面有銅片或片卷時的情形，而且火色與回火規定溫度的高低有深淺的變化。」這說法證實了與我所想像爐子的燒法是合理和正確的，也使我們往後提高了回火品質。

(二)、平火帽盂是國人的發明

另一項值得一提的是火帽盂的製造，火帽盂也稱底火盂，底部是略帶穹圓形，以前在大陸時代，我國槍彈所用的火帽盂底部亦復如此。遷台後，朱副廠長柏林先生經研究設計才開始使用平的火帽盂。原理是槍的擊針尖端也是一個小圓端，擊發時圓端與圓端的接觸，才能如此。但在沖車上，火帽室亦即元凹打在銅殼底部，不一定在正中心，槍上的擊針尖端與槍膛的中心，也不一定在一中心軸線上，在製造設計上都有一個允許的公差，銅殼上的底火，與槍上擊針的公差若在二個極端，擊針擊的部位會離火帽底部穹圓中心有一段距離，那必然不是中心對中心，擊發的作用力也跟著偏開中心，底火擊發率就差。火帽盂打平後，最少對底火的擊發率，亦即底火敏感度有所助益，民國四十四年，本廠有一小組人到美國聖路易兵工廠參觀見習，見該廠底火正試製平底火帽。這正是該廠前廠長汪少校在我國聯勤做顧問時，發現我國的平底火帽有利，而寫信回去建議他的母廠試用，可見我兵工人員智慧不差呢！

(三)、以硫化氰酸鉛取代雷汞

在製造底火藥時，亦曾有感人故事。底火藥亦即爆粉，在大陸時代七·九公厘槍彈的五·五六公厘底火採用的爆粉係雷汞、氯酸鉀、硫化銻及玻璃粉等所組成，又稱白藥，稍一磨擦則著火爆炸，十分敏感。曾有操作人員因口角氣憤而拍桌，竟震爆底火白藥傷人的事。來台以後因爲白藥太過危險，乃研改使用硫化氰酸鉛取代雷汞，特出兒取代玻璃粉。此種方法稱乾式製法，係前廠長胡世華先生費盡心血，研究其配方及製法，減少許多危險。兵工人員埋頭苦幹，致力研發，爲國盡力，鞠躬盡瘁之精神，令人敬佩。

希望之歌

陳爾活老前輩民國四年生，係日本東京工業大學機械系畢業，畢生貢獻兵工，雖已退休二十餘年，到目前仍有二〇五廠人員向他請益，而他總是毫不保留的悉心指導。對槍彈製造，他不願居功，而要以「一群槍彈製造專家」稱之。今天聯勤二〇五廠能自力更生製造彈藥，而且品質的評鑑認證，都是前輩們所奠下的基礎。由於前輩們嘔心瀝血，薪火相傳，才使二〇五廠成長、茁壯而充滿希望，讓我們向那群槍彈專家們致敬。

本文榮獲聯勤總部報導文學文藝金駝獎

兵工

中國現代兵工，創始於十九世紀，成長於二十世紀，展望於二十一世紀，爲中華民國描繪了一部國防科技藍圖。

清同治元年（西北一八六一年），清廷因平定髮捻，利用西洋槍炮，始講求兵工製造，以做爲「禦侮之資」、「自強之本」。於是「蒼萃百工，合爲一局」，在清同治四年成立了江南製造局，自此揮動了我們自立更生的國防科技大纛。無奈因清廷的腐敗，致武器彈藥研發中斷。直到民國十七年，國民政府成立了兵工署後，兵工才又重燃希望。民國二十二年，前國防部長俞大維時任兵工署長，不僅統一了全國各兵工廠出品的武器型式，更鼓勵研究發展，像我國著名的中正式步槍，抗戰時聞名全國的馬克沁重機槍，三七式平射炮、七五式山炮、可浸水一個月而不失效的濟南式手榴彈、能調射距的擲彈筒等，都在兵工人員殫精竭慮下一一產生，而讓日軍聞之膽寒，奠下我國勝利基礎。

「無敵國外患者，國恆亡」，這句箴言發酵於抗日戰爭。當時無任何奧援，武器的生產研發，全靠國人自己的智慧結晶，使兵工發射了光芒。對我這曾在兵工行列中走過四分之一世紀的小兵而言，也以前輩們爲傲爲榮了。

二十世紀的兵工，從俞大維部長留下的管理風範，馬克沁重機槍設計人之一李耀普先生的「千錘百鍊」研發精神，到今年九十三高齡曾擔任過兵工工程學院院長、主編《兵工辭典》的陳大剛先生的春風化雨，在在都爲兵工留下了歷史見證。

「凡走過的必留下痕跡」，在這大時代中，兵工將士們的血汗可沒有白流，展望二十一世紀，兵工更應將國防科技帶向全面自主的境界。那「自力更生」便不是空談了。

（原載八十七、十二、二十六《中國時報》人間副刊、三十七版）

夜以繼日造槍樂

在我從軍三十年生涯中（包括念中正理工學院四年），最令我刻骨銘心的是擔任聯勤與和兵工廠副廠長那二年，最辛苦，也最有成就感。

那時，兵工廠大約有三千名左右的官兵員工，大家首要的任務是製造T六五K2步槍，以便三軍部隊換裝。別小看一枝外表看起來不起眼的步槍，實際上它是由一百二十多項零件組合而成。因此，要製造一枝高性能步槍，必須注意每一項環節及零件的品質，差一點都無法結合。在製造時，如發生技術上問題，不管何時，有關人員便立即召開研討會，常常自晚上下班後開會至次日凌晨一、二點或更晚。不找到問題癥結絕不終止。因爲上級指示，生產任務絕不能停頓，但又不能製造有瑕疵的槍。因此，當大家殫精絕慮找到問題核心後，便立刻拿到工廠去製造新零件，將樣槍組合後，再送去地下靶場試射，並按照標準檢驗程序測試，如果「ＯＫ」，第二天才能上線繼續大量生產。常常這時天色已經大明，每個人帶著疲倦的臉色，只想好好睡一覺。

現在三軍部隊及各大學、高中使用的步槍，均有我們那時夜以繼日完成的產品，經多數使用者反映性能良好，命中率高。使到現在已退伍二年的我感而十分欣慰，每念及當時與同事們一起不眠不休打拚的情形，嘴角總會泛起一絲微笑。

（原載八十四、九、四《民生報》）

別讓兵工廠淪為維修工廠

一個國家如果沒有國防，那只是一個空殼子，而堅強的國防除了靠訓練有素的軍隊外，更要有優質的武器裝備加以配合，才能足以保障國家安全。而武器裝備應該以自行製造及研發爲主要條件。畢竟向別人購買，除了要看臉色外，還要付出大量外匯，實在不划算。

令人憂心的是，我們現在的兵工廠，即將淪爲維修工廠，製造與研發則漸漸萎縮，大部份武器裝備都必須外購，未來將花費龐大的國防預算去因應，值得嗎？

武器裝備自行研發製造，有幾項優點：一、技術能力可以向上提升。二、可以培養國防科技人才。三、減少外匯支出。四、增加民間參與機會，發揮全民國防力量。五、增加自信心。

一個國家的兵工廠如果萎縮，國防力量注定是向下沈淪。

（原載八十九、五、七《中國時報》浮世繪、三十六版）

聯勤香水　葫蘆造型

日前，聯合報刊登了一段「聯勤牌香水」的新聞，內容是說台北市長馬英九在春節前赴聯勤總部勞軍，獲得聯勤總司令楊德智上將回贈「古龍香水」一盒。

記得生產設計這種香水最早的創始人是阮望聖先生。大約在民國七十幾年，他擔任聯勤龍關廠廠長時，爲了送來賓紀念品，決定送自製的香水，但用什麼瓶子裝，倒是學問大了，他曾參考世界各地名牌香水的瓶子，希望能獨創一格，結果還是從他夫人拿來的一個葫蘆瓶子上得到靈感。最後阮廠長決定用葫蘆瓶裝香水，由於別於一般香水瓶，在出廠後大受歡迎。當時，聯勤總司令溫哈熊夫人，在一次慈善義賣中，還以一瓶新台幣五百元，買下了不少瓶送人呢！這也使生產人員信心大增。

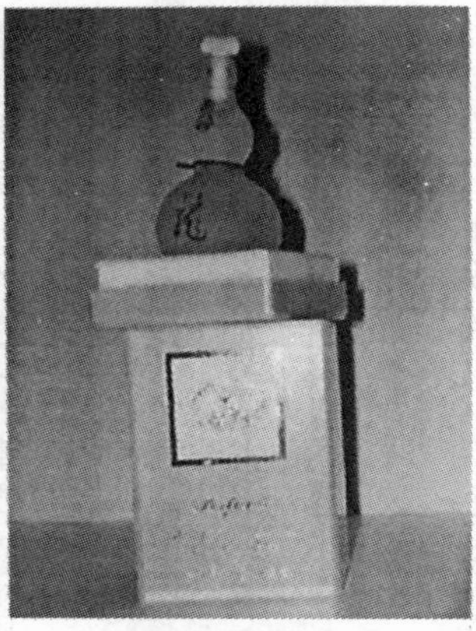

聯勤香水圖

這種葫蘆瓶香水，瓶外有一個紅色「龍」字，表示是龍關廠的產品，另外瓶子腰部有一條紅絲帶，非常討人喜愛。許多人在香水用完之後，瓶子仍放在床頭或櫃子中做紀念呢！以後龍關廠又發展出供男仕們使用的噴霧式古龍香水，倒是另有一番風味呢！

（原載八十九、三、卅《聯合報》鄉情、三十九版）

軍校哪一期？二十點五期！

凡是讀過軍校的人都知道，早期都是以期別來計算進入學校的先後順序，像前行政院長郝伯村是陸軍官校八期，前國防部長蔣仲苓是陸軍官校十六期等等。

可是在中正理工學院有一期非常特別，有一些學生被稱做「二十點五期」，這中間倒是有一些來歷。

一般而言，軍校新生除了極少數是士官考進，其餘大部份是高中（職）畢業的青年，但在中正二十期，另有一批是在軍中苦讀並有隨營補習教育高中學歷的軍官，他們已經是中、上尉，甚至是少校，但爲了多讀一些書及更上層樓，以「帶職軍官」身份投考軍校，結果獲得錄取爲軍校大學生。

在同期中，由於他們在軍中歷經風霜，讀書及做人處事都表現不俗，甚至常常出現「薑是老的辣」狀況，讓年輕人十分佩服，而被尊稱爲「二十點五期」。二十期學生畢業後，都是以少尉官階任官，但「二十點五」期的人，則以原職任職，「升遷」方面當然是「高人一等」了。

不過「二十點五」期的學長，畢業後表現亦可圈可點，升了好幾位將軍。有些人退伍後事業也做得不錯。

現在軍校都比照海軍官校以「年班」來排順序，而中正的「二十點五」期未來將帶給同學們在聚會時，做回味的趣談吧！

（原載八十九、三、四《聯合報》鄉情、三十九版）

在鼓勵中成長

從小，我便是《中央日報》的忠實讀者。由於家境不好，七口之家僅靠父親微薄的薪水度日，根本沒有餘錢去訂報紙。所幸，上天沒有斷絕我求知之路，那時所居住的眷村，有一間里辦公室，訂有兩三份報紙，也有《中央日報》，因此變成我每天報到的地方。由於看報紙的人不少，尤其《中央日報》更是搶手貨，時常要等很久才看得到，浪費了許多寶貴時間。後來我利用早晨上學前或下課後，人比較少時去里辦公室，才看得過癮。以後，由於家裡環境改善，也喜歡閱讀《中央日報》的父親，決定訂一份以解決我求知的饑渴，當時眞讓我與大弟欣喜若狂。自家裡有報紙後，便可以細嚼慢嚥了。每天上學前，我先將國內外重大新聞瀏覽一下，放學回來再慢慢品嘗中副，有時也與父親及大弟討論中副的好文章，那段時間是我沉醉在文學之中最快樂的時光。

以後，出外就學或工作，每天的主要精神食糧，仍然是《中央日報》，不讀中副幾乎睡不著覺。由於對中副的熱愛，以及閱讀多了，有感想及感動，於是也下筆爲文。記得那時中副徵文「我的座右銘」，正好心有所感，於是以「眞金不怕火鍊」爲題，寫了六百字寄出去，想不到在民國五十五年五月十八日登了出來，終於讓我完成夢寐以求、以登上中副爲榮的夢。

以後也陸陸續續登了好幾篇，這中間有家人、長官、老師、同事給與鼓勵，使我備感窩心。從此也與中副結了緣，凡是她所舉辦的活動，如徵文、剪貼簿展覽及茶會等，我都極少缺席。有一年中副舉辦剪貼簿展覽，而我人卻在金門服役，但仍然寄了兩本剪貼簿參展，結果意外交到一位好朋友。爲此，我還寫了一篇〈獻醜記〉，刊登在民國六十年六月七日的中副上，以紀念這段緣分。

我也曾多次參加中副茶會，認識許多名作家，受益實在很多。而在孫如陵先生當主編時，茶會那天，他曾親自邀請我們幾位年輕人，參觀中副編輯室，並鼓勵我們投稿。記得當時有位黃碧端小姐，現在已是一家藝術學院的院長，同時也是專欄作家，可見鼓勵的力量是多麼大！而我雖然沒有甚麼大成就，但目前仍然在默默耕耘。由於自己曾受過許多人的鼓勵而受惠，更希望用這隻筆，寫下動人的篇章，鼓舞更多的人，積極走向人生光明面。當然，我們也盼望中副能永永遠遠提供這塊筆耕的園地，以使社會更加溫暖。

（原載九十一、三、二十《中央副刊》）

追尋台北的記憶

要不是民國四十年的花蓮大地震，兵工工程學院也不會在四十一年遷到台北新生南路，緊鄰台大。要不是追求長遠的發展，也不會在五十七年底，遷到桃園大溪的員樹林，緊臨中科院旁，使人才交流、設備互用。因此，在台北當了十六年「過客」的兵工工程學院，成了我們記憶中難忘的一頁。

兵工工程學院是陸軍理工及中正理工學院的前身。當初自花蓮搬到新生南路的最大好處是靠近台大，學校可借重台大的師資，許多名教授只要走幾步路就可到達學校授課，像台大教授也曾做過教育部長的鍾皎光先生、諾貝爾物理獎得主丁肇中的令尊丁觀海教授等，早期均曾來校教過我們的學長。

當然學長們也很爭氣，沒讓師長們失望。像獲得民國四十五、四十六年度留美原子能研究生第一、二名；第一屆留德研究生第一、二名。更有兩位學長得到民國四十九年第一屆中山獎學金第一名，其中一位就曾任成功大學校長而英年早逝的王唯農博士。在第五屆留德研究生考試中，共錄取六名，兵工畢業生就有四位，並包辦了前三名。

筆者民國五十二年進入學院時，已改名爲陸軍理工學院，那時學校前的瑠公圳還未復蓋起來，校區被它一分爲二，中間有座水泥橋可通行。圳東邊是校本部，現在是人事行政局的公務人員訓練班。圳西邊則是我們教學及生活區，學校在五十七年搬走後，校區變成憲兵司令部。以後由於配合台北市都市計劃，憲令部遷走，營區全部打通成爲辛亥路。

在學校四年多，最令我難忘的是，良好的讀書風氣，使我們不以讀軍校爲苦，而在新生南路台大男生十一宿舍前的沙茶牛肉麵，是我們的最愛，價廉物美。尤其在冬天晚上來一碗熱騰騰的麵，全身暖洋洋的回去再開夜車，精神百倍。另外一件値得一提的是，申學庸女士的歌聲。當時，申女士家與我們學校僅有一牆之隔，凡在休假日，常聽她吊嗓子，這位名聲樂家的歌聲，常令我們聽得如醉如癡，令人神往。

民國五十五年十月三十一日，先總統　蔣公八秩華誕時，學校更名爲中正理工學院，一直到民國五十七年二月，我們是在台北校區畢業的最後一屆學生，而台北的一切也成我們生命中美麗的回憶。

（原載《忠勤副刊》）

四十年前的獅甲國小

我的母校——高雄市獅甲國民學校，在民國四十四年時，從破破的大門及圍牆看去，當時是多麼的落後，只有兩棵挺立的松樹是「古木參天」。進入大門，正中央有一幅中國大陸地圖，上面是「還我河山」及「俄寇侵奪去我們多少土地」的大標題。那時候「反共抗俄」叫得最積極，常常聽到播放「反攻！反攻！反攻大陸去，反攻！反攻大陸去，大陸是我們的國土，大陸是我們的家鄉……。」、「打倒俄寇，反共產，反共產……。」等歌曲。而我們在老師的指導下，製作「保衛台澎金馬」的壁報，那股熱血，激發了多少人的愛國心？獅甲國小的校友們可還記得？

那時候的同學以「六十兵工廠」、「二十六兵工廠」、「硫酸錏廠」、「台鋁」、「台鹼」的眷屬子弟最多。學校經費少，各工廠有時予以協助。尤其六十兵工廠最盛的時候，官兵員工曾達五千多人，因此就讀獅甲國小的子弟也特別多。當時該廠曾支援師資，以及師生蒸便當的燃料——煤。學校與工廠的關係非常密切。

隨著經濟繁榮，學校經費日漸寬裕，校舍也逐漸改建，時隔四十多年，這所孕育我們，且帶給我們歡樂的母校已是樓高處處，煥然一新了。從幾張舊照片中，才看得到我們所經歷的艱辛時代。也啓發我們這幾十年得來的成果不易，更要珍惜呀！

（原載八十五、九、二十三《台灣新聞報》萬象）

眷村生活—珍藏二十世紀

對於一個吃眷村奶水長大的人而言，眷村生活是我最難忘懷的一件事，它將永遠深藏在我二十世紀記憶的寶庫之中。

在我五十多年的生命中，超過一半的歲月是在眷村中度過。說起來，眷村生活雖然苦，但竹籬笆內不但有人情味，更有現代人所缺乏的守望相助精神，大家互相關懷、支持、鼓勵，那些點點滴滴的趣事，串成了許多美麗的回憶，豐富了我的人生。至今，我最要好的朋友，仍然是我穿開襠褲一起長大的眷村童年玩伴，那種感情不能不說深厚。

其實最早的眷村構想，是來自於前國防部長俞大維先生，他在抗日戰爭全面開始之前，時任軍政部兵工署長，爲了將全國各兵工廠打造成福利社會，因而設立了眷村及子弟小學，廠長的小孩、工人的小孩，在同一個教室，坐在同樣的板凳上課。當時的兵工廠全體官兵員工以廠爲家，大家生死與共，有了廠，一定有家；廠亡，家亡。俞先生認爲辦好福利設施，除了可安定眷屬生活外，生產線上更是同工同酬。如此沒有內憂外患，大家可以全心全力的奉獻。他這一招果然厲害，在抗戰時發揮了功效。

記憶中所住的最早眷村，是在抗戰的陪都重慶，家父時任職於二十一兵工廠，我們眷村就在離重慶四十五公里外的銅罐驛。以後抗戰勝利後，我們又隨兵工廠遷移至南京中華門附近，兵工廠也改稱爲六十兵工廠。當時我們所住的眷村，是以廠長李直卿先生的大名爲村名，稱爲「直卿村」。那時的眷村沒有台灣的眷村這麼簡陋、狹小，雖然大家比鄰而居，卻相當寬敞，圍牆不是竹籬笆，而是普通磚牆，官兵員工的眷屬都住在一起，大家不分你我，眞羨煞了許多附近民衆呢！

以後大陸變色，我們又隨兵工廠遷移到高雄前鎮的「君毅新村」，這用竹籬笆圍起的眷村，是我半生的記憶，尤其許多叔叔伯伯們啓發我們成長，更不容忘記。

眷村，是二十世紀中國特有的文化，而在台灣更是把她「發揚光大」，她讓許多軍眷們暫時有了一個窩，也培養出「患難相助」的眞情。未來所有眷村陸續改建後，二十世紀的「眷村生活」，那種苦中作樂，眞正交心的感情，也將隨著歲月珍藏在人們的記憶之中了。

（原載八十八、九、二十六《青年副刊》十五版）

獅甲老同學們

本報五月十四日刊出汪逸萍老師的故事後，引起很多回響，不少熱心的朋友來稿要爲低沉的校園打打氣……

校園中的性騷擾事件，已使師生關係逐漸冷淡，也讓人嘆世風日下，人心之不古。畢竟，師生關係是一條割不斷的臍帶，所謂「一日爲師，終身爲師。」就讓筆者告訴您一個「尊師」的故事，那就是高雄市獅甲國小第七屆同學會。雖然以前老師爲了要他們功課好，也打過他們手心，但學生仍然懷念他們……

這些民國四十四年畢業於高雄市前鎭區獅甲國小同學，到明年就要慶祝四十週年了。他們能又聚在一起，要追溯到民國七十五年，六年二組的繆正泰、翟筱蘭、劉鑫貴及孫屏英等人，在春節時召集了十幾位同學大家相聚一堂：談起老師及童年往事，想起逝去的歲月，愈加珍惜那份友情，都認爲小學同學的感情最純眞、最無邪。爲了維繫這份感情，決定每年春節，召開同學會。

他們之中，男同學有留美航太、電機博士、經理、祕書、救生員、公務員、陸軍上校；而女同學有上將夫人、報社編輯、護理主任、中、小學老師、總機小姐。畢業近四十年，每個人際遇各不相同，而且有很多早已是祖母級人物。他們在一起，不論貧富，也沒有任何利害關係，純粹是同窗友誼，有困難時互相幫忙。更重要的是，他們沒有忘記老師。當初六年一組級任導師是梁建平先生，六年二組是洪懷奇老師。梁老師教數學，洪老師教國語，第七屆共有六班畢業生。由於一、二組同學，大多來自君毅、正勤眷村，感情相當深厚，梁、洪二位老師感情又很好，同學們自然凝聚在一起了。

幾年來，他們一直在尋找的老師，終於在民國八十一年春節起，陸續由同學找到，並被邀請參加同學會，由於梁老師已去世，由梁師母代表，洪老師遠自花蓮趕來，另外在台北市西門國小教書的許愛華老師，曾在小學四年級教過他們，也遠從台北趕來，在光榮國小教書的吳炎臨老師也欣逢盛會。連續三年了，老師們想起每位同學童稚的笑顏，嘴角總會泛起絲絲微笑。有人還在老師面前撒嬌，那像是做祖母的人？洪老師至今仍然單身住在花蓮，每次同學會，由於同學們的感情，感動得眼淚奪眶而出。梁師母自梁老師走後，孤獨多了，目前仍住在高雄獅甲國小的老師宿舍裡。許老師、吳老師仍在「傳道、授業、解惑」。

每年的春節，都是大家盼望見面的日子，那溫馨場面，感動了與會的每一個人。老師們說應該由他們來作東，但都被同學們碰了「軟釘子」。在這校園寒冷的日子裡，您是否願意爲許多愛您的老師，獻上一份敬意？

（原載八十三、五、二十六《中國時報》寶島版）

歡喜糰

位在高雄市前鎮區的君毅新村，是屬於聯勤六十兵工廠（現已改為二〇五兵工廠）的眷村。她曾有一項全省最名有的產品，那就是「歡喜糰」。這種源自大陸安徽蕪湖的食物，本是眷村內的人，在過年時用來招待客人的。但由於眷村裡有些人的親朋好友自中北部來拜年，吃過覺得口感不錯，回去後便一傳十、十傳百，變得全國皆知了。

最早的「歡喜糰」是由糯米加糖製成的圓球狀食品，在農曆大年初一有客人上門來拜年時，主人便用熱開水泡一碗給賓客享用。這種白白圓圓的東西，看起來令人喜歡，尤其天冷時讓人吃起來暖和和的，因而受到不少人的喜愛。後來歡喜糰也逐漸改良，加入花生米，味道又不一樣，也有做成炸彈形的，吃起來更香脆可口。另外也有附帶產品，像芝麻糊等，可以「養顏美容」，更打響了眷村的名號。

記得在歡喜糰全盛時期，台視許多影、歌星，像孫越等人還特地南下高雄買回台北送朋友或自己享用呢！以後由於需求量大增，歡喜糰供不應求，連許多大百貨公司也前來訂貨，使做歡喜糰的人家，將手工改成機器大量生產，並迅速銷售至全台各地。中、北部的愛好者，也就不必專程跑一趟高雄了。

但隨著時日變遷，眷村的改建及老一代做歡喜糰的凋零，而新一代也各自發展自己事業了。但「歡喜糰」曾經帶給眷村的繁榮及歡樂，卻是不可否認的事實。

（原載八十七、十一、十八《中國時報》人間副刊、三十七版）

憶兒時二事

一、摘豆芽根

小時候，我們一家七口，住在眷村窄小的房子裡，單靠父親微薄的薪水，那裡夠用？於是母親憑她平日的人際關係，從與鄰居的交往中，有賣菜的媽媽告知，有些客人喜歡吃去根的黃豆芽及綠豆芽。鄰居也知道我們家食指浩繁，於是就叫母親拿回了不少豆芽菜，母親白天摘，我們課餘就陪母親一起摘，那時大概是摘一斤一毛錢吧！母親摘得手都腫起來，我們兄弟妹也像「拚命三郎」似的，希望能補貼家用，我們手也常痛得難過呢！母親已去世二十年了，該她享福時，卻離我們而去。想起她老人家在世時，爲我們所做的犧牲，至今仍令我們感到對她虧欠很多。倒是現在很少聽到有「摘豆芽根」的事了吧！

二、賣肥皀

童年時，某牌的水晶肥皀很受歡迎，市面上大約是每塊賣二元五角錢，爸就動腦筋找批發商，商人同意以二塊二毛賣給我們，我們則以二塊三毛賣出去。爸每天下班後騎他那二十八吋的腳踏車去發貨。母親、大弟及小弟就在眷村大門口用肥皀箱擺起攤子來，我們以比市價便宜二毛錢的價格，結果門庭若市。這眞是「窮則變，變則通」的辦法，當時對家用著實幫忙不少。現在有軍公教福利品中心、量販店、超級市場等等，這種小買賣，根本無法生存了。想起父母爲家計所付出的心血，使我們一家人平安的走過來，父母恩，怎麼忘呢？

（原載八十三、二、二十六《青年日報副刊》）

西甲小吃彼當時

「西甲」，在台灣是名不見經傳的小地方，我高中以前的生活都是在那兒度過。

她坐落於高雄市前鎭區北部，左邊是成功二路，右邊是中山二、三路，而中華五路及復興二路則縱橫貫穿其間。她涵蓋了君毅、忠誠、西甲等十四個里，人口有三萬八千多人，居民多爲勞工階級及做小買賣的商人，是典型的工商區域。

西甲係取「獅甲」之諧音，而獅甲則是「戲獅甲」的簡稱。據說，最早此地擁有部落子弟組成的獅陣，每當高雄地區「十三莊頭」舉辦迎神賽會時，例由戲獅甲的獅陣在前開路，其舞獅的技巧及純熟度甲於各莊，出盡鋒頭，故有「戲獅甲」的稱號。

在我童年時代，西甲曾風光過一陣子。那時六十兵工廠、台鋁公司、二十六兵工廠、復興木業廠及硫酸錏廠都在鼎盛時期，西甲子弟以進入這幾家工廠爲榮。這些工廠不但爲西甲居民帶來不少工作機會，也使得西甲菜市場繁榮起來。

那兒的早點，像燒餅、油條、生煎包子、鍋貼、炸番薯餅等，既便宜又好吃。許多達官貴人甚至遠從左營、楠梓等地前來品嘗。西甲菜市場所賣的臭豆腐、酸豇豆更是下飯好菜。君毅新村的歡喜糰遠近聞名，曾吸引不少台北電視影星南下購買。最令小孩子難忘的還是台鋁公司兩毛錢一枝的紅豆、綠豆、花生冰棒。

台鋁公司鍊鋁後的廢紅土送到學校填運動場跑道，我們每天奔馳在運動場上，弄得全身都是紅紅的，害得母親洗衣服要多費不少力氣。

曾幾何時，二十六兵工廠及復興木業廠搬了家，台鋁公司沒落被併入中鋼，西甲菜市場面臨拆遷，硫酸錏廠的命運至今未卜。不可否認她們曾爲西甲貢獻過，而今的變遷，令人不勝唏噓，希望有空時，再回到西甲去嘗嘗那美味的早點，並尋回兒時的歡樂。

（原載八十三、十二、十七《聯合報》鄉情、三十四版）

三十年前勞軍晚會，余天剛出道

民國五十八年五月十九日晚上，筆者在聯勤總部中正堂欣賞勞軍晚會。當時聯勤總部還沒搬到南港，而在是現在台北市中正紀念堂的位置，還有其他單位合署辦公，像陸軍總部的經理署、運輸署等單位。而筆者自中正理工學院畢業沒多久，便分發在經理署食品研究室工作。由於是單身、下班後也沒有什麼消遣，更沒有好看的電視，勞軍晚會便成了我的最愛。記得那場晚會觀衆爆滿，請了憲光歌劇隊來表演，歌唱節目中像「東山飄雨西山晴」、「生命如花籃」、「紫丁香」、「採紅菱」、「負心的人」等，都是當時當紅的歌曲，而歌星余天等人還默默無名，但他們賣力的演出，卻博得滿堂釆。三十年後余天仍然活躍在歌壇上，力道不衰。可見只要肯努力，皇天仍然是不負苦心人的。

由於現在電視、廣播的綜藝節目極普遍，軍中藝工隊演出也不再有往日的熱潮了。但三十年前的勞軍晚會，帶給我們歡樂，消除我們寂寞，功勞仍然是不可磨滅的。

（原載八十七、十、二十九《聯合報》鄉情、三十九版）

音容宛在

鄭為元將軍不幸於日前病逝，卻留給我無限的懷念。鄭將軍是在民國六十一年七月至六十四年四月間擔任聯勤總司令。那時，我還是兵工廠一位上尉軍官，但他揭示「實事求是、精益求精」、「崇法務實、腳踏實地，發揮整體觀念及團隊精神」要求，使筆者獲益匪淺，尤其在「一摑一掌血、一步一腳印」的努力下，獲得民國六十四年國軍克難英雄。六十四年「九三」軍人節，筆者前往國防部接受表揚，在三軍軍官俱樂部中巧遇鄭將軍，那時他已離開聯勤，我的一位學長劉方興（照片右起第

三位），請鄭將軍與我們幾位駝群兵工子弟合照，他立刻笑咪咪的以安徽鄉音說：「好……好……。」就此，留下一禎彌足珍貴的照片。

鄭將軍在聯勤創制四十週年紀念時（民國七十五年六月一日），曾致贈慶祝文：「精研武備，大矩斯張，訏謨碩畫，忠勤棻揚。」如今，聯勤在歷任總司令及全體駝家兒女的努力下，已成就非凡，尤其聯勤二〇五廠研究發展的陸空雙聯裝二〇公厘機砲，在今年世貿大樓的國際航太展中，大出鋒頭，鄭先生地下有知，可以含笑九泉了。（照片中左起第一位是筆者）。

（原載八十二、九、十八《青年副刊》）

閱讀羅蘭

我認識羅蘭已有三十多年了。

羅蘭的散文清新可愛，發人深省，她的每一本書包括「羅蘭小語」、「給青年們」、「生活漫談」、「羅蘭散文」等，都是當時受年輕人深深喜愛的讀物，尤其書內每一個章節，都會有不同的啓示。在我們生活中，常常有不滿意的事，她都會讓你換另外一個角度來看，而能豁然開朗。

像在「羅蘭散文」中，「廟裡的日子」那篇提到在「寨上女子完全小學」兩年的教導生涯中，一毛錢薪水也沒有拿到，但在兩三年後，卻收超過都市裡十倍強的四百元匯票，使她意外而欣喜，而領悟到「人生在世，對所謂損益原不必過分關懷，當初之損，原是日後之益。」這不是給我們很大省思？

在「黃金時代」那篇中，羅蘭提到學生發生問題，學校除了消極懲戒外，更積極找出原因去從根本上解決，使問題不再發生，值得從事教育工作的人員參考。

由於羅蘭本身是學音樂的，她覺得用音樂可使人們恢復良知、回到單純，是發現愛心與仁慈的最佳途徑。因此，當我們聽到海頓的「早晨」第六號交響樂，生動的道出早晨之美時，那分悸動及對人生的熱愛，會自然表露無遺。記得她曾播出一首「把我們的悲哀送走」歌曲，之前，她用磁性的聲音說：「在現實的風沙中奔波了一天，說不定我們會有些不如意的事，有些失落的感覺，因而覺得有些悲哀，那麼聽聽這首歌吧，它會幫你把悲哀送走。」很巧，當時我正處於「失戀」的「悲哀」，聽完後，眞的是「揮一揮衣袖，不帶走一片雲彩。」舒暢極了。

自那次文藝社演講後，我一直與羅蘭保持聯絡，從她不斷給我的教誨中，對文藝也益加喜愛，而從她給我的贈書中，也發覺她爲人處世是相當細膩及謙虛。記得「文化圖書公司」替她出版「羅蘭小說」及「羅蘭散文」等書，在扉頁中都會介紹她並讚美她「見解精闢，態度誠懇，早爲各地聽衆所一致推崇。」但這段文字她都用黑筆劃掉了，對我這晚輩，有極大的啓示作用。

已經三十多年了，雖然沒有再見面，但每逢年節，我總會打通問候電話，祝她平安。在我心目中，她不但是一位永遠給人鼓舞的老師，也是文壇永不凋謝的長青樹。

（原載八十九、十一、二《青年副刊》十三版）

張秀亞老師為我證婚

張秀亞老師的名字是從初中國文課本上她所寫的〈小白鴿〉得知的，這篇文章，清新脫俗又精彩感人，讓我印象十分深刻。受到她文章的影響，使我對散文也特別喜愛，但直到民國五十二年，我去臺北就讀當時位於新生南路的中正理工學院，才有緣認識張秀亞老師。當時我擔任學生社團活動的文藝社社長，想邀作家來校演講，在苦尋無人時，就讀臺大經濟系的大弟昭傑告訴我，張秀亞老師的公子于金山是他的同班同學。透過金山幫忙，我們辦了一場「張秀亞談文學創作」演講會，轟動全校。我圓滿達成了任務，而張秀亞老師對這場演講也十分滿意，從此我們兄弟倆便與張秀亞老師結下不解緣。

由於與張秀亞老師熟悉了，我們兄弟課餘就常常去新店中央新村向她請益。有一次，談到快吃晚飯時間，她要我們兄弟留下，親自下廚做了幾道小菜，配上香噴噴的蛋炒飯。小菜道道可口，蛋炒飯口感更佳，我們兄弟一連吃了三碗呢！張秀亞老師在開心之餘，笑著說：「匆忙之下，招待不周！」那次是我們兄弟倆受益最多，也是在遊學臺北幾年中，吃得最香也最愉快的一頓晚餐。想想，一位知名作家，已經夠忙碌了，不但未嫌棄我們耽誤她時間，還陪著聊天，甚至親自做晚餐，盛情接待真叫我們難以忘懷。

在她的鼓勵下，我不斷向報紙投稿，當有作品刊出時，她也不吝給與誇獎，尤其登在中副的文章，更讓她讚不絕口。有時，我也厚著臉皮將不成熟的作品送去請她批改，寄回來的稿紙，滿是紅筆，不但改錯別字及不通的詞句，甚至還有評語。這對我爾後的寫作及投稿，有極大的幫助。

民國六十三年二月，我與內子訂婚，由她擔任男方介紹人，使我們感到十分光彩。更由於她的打邊鼓，當年四月，我們便正式攜手走向地毯的那一端。婚後，每年耶誕節，我都會寄賀卡給張秀亞老師，直到她赴美定居，音訊才中斷。但每次翻開結婚證書，看到張秀亞老師的名字，內心總有一股感激之意。

去年，在《中央日報》上突然看到張秀亞老師已於六月三十日去世，讓我悲傷不已，立刻打電話給大弟昭傑，告知他此一不幸消息，並請他代表我們兩人寫信到美國，向于金山、于德蘭兄妹致意，表達最大的哀悼。

張秀亞老師待人誠懇和氣，作品詞句優美、意境深遠，她的去世是世界華人及國內文學界的最大損失。對我個人而言，她不但是我寫作的恩師，更是我婚姻的月下老人，她的離去，怎不令我悲傷與難過？新年之際，謹以此文表達我最大的懷念及感恩之意，並願她在另一個世界中也能過得快樂。

（原載九十一、二、十一《中央副刊》一版）

珍惜現在，勿忘過去的艱辛

我常想，一個人要懂得惜福與感恩，生命才會有意義，才會有價值。國軍在台四十多年的保衛國土、犧牲奉獻，現在卻變成弱勢團體及沒有聲音的一群，能不令人慨嘆？我眞不懂那些人爲什麼對國軍如此不了解？污辱及打擊國軍，只有使士氣低落，國防鬆懈，如果國家安全失去保障，經濟發展及安定生活從何而來？因此，國軍與國家是一體之二面，乃不容置疑之事，我們能不飲水思源嗎？

由於八年浴血抗戰，才能光復台、澎。在我生命中，民國四十七年的金門「八二三」砲戰大捷，給我印象最爲深刻，從八月二十三日到十月六日的四十六天裡，中共發射將近五十萬發砲彈，打在金門一百七十八平方公里的小島上，這種史無前例的瘋狂射擊，國軍堅強不屈的對抗，是迫使中共停火的主要原因之一。想想看，要不是國軍打贏這一仗，金、馬、台、澎早就淪陷，我們還能創造經濟奇蹟？國軍血染金門的事實，能不令人深思？

在世界各國元首的更替中，不少國家造成政變、內戰頻仍、民不聊生，而我們經國先生去世時，李總統接任過程卻十分順利，即是國軍穩若磐石及精誠團結的力量。

國軍從民國六十二年起到八十二年五月，助民收割面積共一一六萬七六九公頃，出動了一千五百餘萬人日，受益農戶有二五四萬餘戶，直接增加農民收益六十八億餘萬元。國軍八十二年度濟助貧困民衆新台幣三千多萬元，受益人數有一萬四千多人。我想，只有讓數字說話，才能解除不明就裏者的疑惑。

每有風災、水災，國軍就義不容辭的出動，他們不需要回報，看到災難中人得到幫助，脫離苦海，就心滿意足了，猶記得幾年前，屏東加里苑山區一次空難，大批國軍前往搜救，弟兄們流血、揮汗、甚至累倒等一幕幕感人的鏡頭，至今猶在我腦海中盤旋。

「前事不忘，後事之師」，歷史的功用在於能正人心，易風俗，激濁揚清。是誰說過，「不要忘記過去的艱辛，更要珍惜現在的擁有。」國軍都是一群血性漢子，不忮不求，以往都是「做了就算，何必讓人知道？」但在解嚴後的今天，他們要告訴你：要做政府開創新局後盾，支持國家和平統一大業。國軍是國家安全之保障，社會安定之基石，更是促使兩岸統一的支柱。台、澎、金、馬能有今天的安和樂利，是誰在流血、流汗，默默撐持？你愛國軍嗎？請與他們同心協力，捐棄成見，攜手邁向康莊大道。

（原載八十三、一、十二《青年日報》二版）

國軍與國家徵文比賽佳作

健康篇

國內投保，國外受惠

我是一位志願役軍官的眷屬，也是一位盡職的家庭主婦。於八十四年三月一日參加全民健保，爲第四類被保險人，每個月按期繳納五百多元的自付保費。

民國八十五年因外子赴美國俄亥俄州克里夫蘭市留學，筆者亦隨同前往照顧。不意居住五個月左右，突然發生急性病症，住院後，最初被醫生誤診爲感冒，後由其他醫師會診爲急性盲腸炎，經開刀後治癒。先後住院九天，共花費美金一萬八千多元，折合當時台幣五十九萬多元。如此龐大的醫藥費，要不是外子赴美即投保健康險，保險公司退回了約台幣二十萬元的醫藥費用，否則負擔眞重呢！此次赴美，本想照顧外子，卻反被照顧，不覺好笑。

筆者病癒後立即返國，並持克里夫蘭醫院住院證明及醫療費用收據，向中央健保局申請退費。並按「全民健康保險緊急傷病自墊醫療費用核退辦法」之第二條第三項「本保險施行區域外（包括國外及大陸地區）發生不可預期之傷病，必須於當地合法醫療機構就醫者。」之規定申請。

經健保局審核後，很快核退醫療費用四萬五千元。而筆者所繳納自付健保費才一年多，合計一萬多元，但領到卻三倍有餘的費用，心中感到相當溫暖。這件事讓我感到受「國內投保，國外受惠」的好處，全民健保眞是無遠弗屆呀！

全民健保實施至今也有三年多了，民衆的滿意度也日漸提昇，可見一項好的政策是承受得起時間的考驗。我們祝福全民健保天長地久，福壽綿長。

本文榮獲健保局高屏分局徵文第一名

修法保障，維護權益

內子擔任護理工作近三十年，她及她的同事給我的印象是溫柔、慈愛、有同情心的天使。她們還具備豐富的醫學知識及專業護理技能。

然而，最近護理人員的形象遭到了破壞，部分不肖檳榔業者，讓檳榔西施穿上了護士制服，以推銷檳榔。大家都知道檳榔易產生口腔癌，是醫護人員極不贊成之物品。業者如此混淆視聽，頗令人反感。依據護理人員法第七條規定：「非領有護理師或護士證書者，不得使用護理師或護士名稱。」此法僅有規定，而無罰則，爲了維護專業護理人員的權益，盼政府修改法律條文，非護理人員不得任意使用專業人員的形象標誌。如假冒白衣天使，更應訂定罰則，以維護「白衣天使」形象，保障民衆之健康。

（原載八十八、六、十九《聯合報》健康、三十四版）

定期健檢多一分保障

內子的舅舅，一生未婚，平日除了不與我們同住外，其他生活都是在一起。一百八十多公分高的他，身強力壯，也很少生病，因此，常常自誇，從來沒有用過一張健保卡，我們也很佩服他，但也常勸他，每天要做運動，而且應該定期做身體健康檢查，他總是回答說：「沒事的。」

前年農曆年前的一個晚上，他突然呼吸急促，無法言語，被我們送到台大醫院，由於他沒有病歷，醫生的診療，都是在不斷摸索，到找出病因是尿毒症及食道潰瘍時，已經是一星期以後了，醫生趕緊替他洗腎及緊急治療，這中間雖曾稍有起色過，令我們十分高興，但這好消息卻很短暫，過完農曆年沒多久，他終因食道出血不止，血中含鉀量過高，經不起病魔折騰，不幸去世，享年七十六歲，眞讓我們全家人哀痛萬分。

如果他能聽我們建議，利用健保卡，定期做身體健康檢查，不但可以早日察覺身體病況，更能及早治療，也許可以活得更久呢！其實，多一分檢查，就多一分保障，畢竟，過度自信是勝不過科學的。

（原載九十一、三、二十三《人間福報・讀者論壇與投書》十一版）

檢驗危險物品疏忽不得

貴刊二月十三日刊登光華先生「上火線，應有多重保障」一文，筆者深有同感。尤其「上」文中提到，檢驗火炸藥危險品，要熟手操作，極為重要。

以筆者從事火炸藥生產、檢驗工作二十多年經驗，除光華先生所提數點外，下列諸事亦不可忽略：

一、穿安全防護裝備：只要進實驗室便應穿上操作服（經過防火處理）、手套、護靴、防護目鏡，甚至防護面具等。

二、防止靜電：避免穿著絕緣衣物（如不導電的鞋襪、尼龍內外衣物等）、避免使木塊、椅座這類絕緣的東西發生摩擦，尤其在操作起爆藥（如底火等）時，檢驗設備應接地線。

三、小心加熱處理：測試的儀器要加熱或放熱時，應在儀器前加防護屏障。

四、所有檢驗人員均應受過火炸藥危險品鑑識檢驗訓練，並按照SIP（標準檢驗程序）操作，安全性才高。

（原載八十六、二、十五《中國時報》時論廣場、十一版）

日跳三百，精力無窮

喜歡讀書寫作的我，從小看起來都是文弱書生的模樣。但後來我竟然當了職業軍人，這是任誰都想不到的事。

當軍人，要不想運動也難，除了與大夥兒一起運動外，我情有獨鍾的是每日至少跳三百下。

在每天晚上洗澡前，必定連續跳三百下，然後泡熱水澡，浴後不但精神爽，而且精力無窮。我洗澡前跳躍，開始只能跳一百下，以後慢慢增加到三百下。這種習慣已經維持了許多年，從未改變，甚至到國外旅遊也照樣實施。

有人看我每天快步行走，講話聲音宏亮，問我爲何如此有神，我告知，與每天跳躍運動、持之以恆有關吧！

（原載八十九、二、二十六《聯合報》健康、三十四版）

標準病人

今年九月底，與內子及她的同事許敏桃副教授同赴美國阿肯色醫學大學參觀，其中最令筆者感到興趣的是，該大學柯爾曼教授為了進行研究而發展出一套「標準病人」的點子，她將臨床乳癌病患的關懷融入研究之中，在許多醫院及大學中實屬少見。

「標準病人」不是眞正罹病的患者，而是每小時支薪二十五元美金的健康人。她如想做「標準病人」，必須接受整套乳房檢查的實務訓練，因而能區辨眞正施行在她們身上的技術是否適當合宜。

當「標準病人」訓練完成後，即可讓學生或婦女做為練習乳癌檢查的對象，也可用來「考察」各醫院臨床醫師乳癌檢查的主要工具，以確知疑似乳癌患者的婦女是否接受了正確而仔細的檢查。

目前國內有醫學院為了訓練專科醫師，而使用眞正的病人來進行臨場能力測試。但是在教室中，如果使用「標準病人」適時給學生回應及糾正，也許效果較眞正病人為最佳，這項制度，值得國內醫學界參考。

（原載八十八、十二、九《聯合版》健康、三十四版）

撫平傷痛

內子執教的大學中，有一位家住台中縣的一年級女生，在這次「九二一」大地震中，家裡房屋倒塌，壓死了母親、姊姊及三個妹妹，可以說是家破人亡。由於內子是她的班導師，在得知這不幸消息後，立即分幾方面來幫助她：

一、先赴學生宿舍安慰她，並派班上幹部陪她回家瞭解實際狀況。

二、在校務會議中報告此事，並將預備幫助她的方式提出，得到校方全力支持，並由學聯會發動全校師生協助她。

三、由於這位女生是新生，又遭此劇痛，在她料理完家人喪事後，回校上課時，因爲內子曾修習過心理學，在課餘，單獨對她心理輔導，除了全力安慰外，並讓她情緒全部發洩出來，就如莎士比亞所說的：「哭可以使深重的憂愁減輕。」

結果這位女同學，在老師同學的鼓勵及支持下，終於走出悲痛，重新站了起來。

撫平傷痛，不是一蹴可及，必須分階段漸進式才能使哀傷慢慢遠離。

（原載八十八、十、二十五《聯合報》健康）

好靜不好動　身體受不了

我與內子都不太喜歡運動。雖然退休多年，平常多的是時間，但由於興趣在讀書寫作，尤其在兩個孩子都離巢而去，內子每天去學校教書後，家中剩我一人，我活動的範圍，除了圖書館，便是書房，覺得樂趣無窮；而內子下了課回家，則是坐在電腦前，不是上網，便是打字。如此日復一日、年復一年，各種毛病開始上身。最先是我有血壓高及膽固醇過高的現象，內子則有體重過重、眼壓過高的狀況。在經過醫生診斷後，認為我們缺乏運動，如果不趕快行動，情況會更糟。

在醫生嚴厲警告下，我們決定克服所有困難，每天一定得找時間運動，我提議慢跑，她不喜歡，我說去爬山，她卻喜歡水不喜歡山，所幸我也喜歡水，但本人卻是旱鴨子一個，內子說：我可以教你。如此有了共同興趣後，我們便找離家近，晚上又開放的游泳池。為了持之以恆，我們加入會員，在萬一偷懶時，想到繳了錢不去，是一種浪費，而給自己一些壓力。自此，我們平常都在每天晚餐後，九點左右去游泳，周六、日則在下午。我們每天最少游半小時以上，以達到運動目的為原則。

當然，我們也有偷懶的時候，有時天氣太冷，不想出門，內子便提醒我，別忘了醫生的警告：有時內子在晚餐後，累得睡著了，但游泳時間一到，我便叫醒她。我們相互警惕，相互扶持，在恆心與毅力下，疾病終於逐漸遠離我們而去。陳立夫先生曾說：「養身在動，養心在靜。」自從我們克服困難，努力游泳後，深深體會這句話的內涵。

（原載九十、十、卅《中國時報》家庭、三十六版）

健康少年最ㄅㄧㄤˋ

在千禧年中，許多健康少年，特別是X及Y世代的，像個快樂的王子或公主，不問天多高，也不知人間尚有煩惱，一心只想摘下天上的星星，鋪一條光輝燦爛的大道。古人說：「千秋萬歲名，何如少年樂？」更有人說：「勸君惜取少年時！」在這千禧年的伊始，我願意看到更多的少年，珍惜這寶貴時光。

（原載八十九、一、三《聯合報》健康、三十四版）

天天陪孩子運動吧

根據體委會的一項調查，國小低年級小朋友的肌耐力，愈來愈差。這顯示在民衆生活品質愈來愈好後，缺乏了天天運動的誘因，體能也愈來愈差，令人十分憂心。

由於生活條件好，孩童每天起床用完早餐後，便自己或由父母送去上學，在學校由於升學壓力仍然相當大，學業課程排得滿滿的，運動的機會大大減少，甚至體育課也未受重視，更有草草了事的。

學生回到家後，有去補習的、赴安親班的、看電視的、玩電動玩具的，唯一缺乏的是，很少由家人帶著一起去運動。大部分家長的觀念，讓孩子衣食無虞，便算盡到了責任。殊不知，與孩子一起運動，提升體力，也是一項責任呢！孩子有體力，才能有精神讀書，走人生更長遠的路。

因此，筆者盼望學校體育課絕對不要打折、縮水。而家長也要陪孩子天天運動，不管是游泳、打球、登山、練氣功等，每天動一下，便有活力。

（原載九十、十二、七《國語日報》教育廣場、十三版）

讓學生喜歡上體育課

在台灣，學生上體育課，無論是國小、國中或高中，只有一位體育老師帶著大家做同一項運動。考試時，也考同樣項目，於是身體不好或沒有興趣的人，在考試不及格或成績低落後，便視上體育課爲畏途。

筆者期盼未來新的體育教育政策，能將每班體育課分A、B、C三組，A組是身體好、技術也好的運動員級學生，所做的活動包括球類、田徑、跳箱等激烈運動；B組是身體好技術較差的，上課時學些游泳、躲避球、土風舞、跳繩、踢毽子、排球等不需技術的運動項目。C組則是不管技術好壞，只要身體不好，都被分到該組，由老師帶去做些柔軟活動，像體操、單槓或各種室內活動，直到身體康復後，再轉回A或B組。

如此，讓學生能針對自己體能而上的體育課，不但會有興趣，而且體育考試時，也考適合自己的項目，自然會喜歡上體育課了。

（原載八十九、五、二十一《中國時報》浮世繪）

醉臥尾牙宴

績效好，副主官醉倒

我永遠忘不了幾年前當副主官吃尾牙醉倒的糗事。那次，我們工廠因生產績效特別好，老闆決定發獎金給各單位，並由他們自己辦尾牙，廠長則率領廠長室的同仁，帶著酒及飲料，赴全廠二十多個單位參加尾牙宴，由於廠長患有人人皆知的痛風毛病，身上帶著忌酒「命令」。

因此，只要有部屬向他敬酒，必然由我們二位副廠長或祕書「代喝」，甚至廠長興致來時，除了「代喝」外，還規定副主官再喝三杯，杯子還不小。如此狀況，雖然賓主盡歡，可苦了我們二個副手。想一想，全廠有二十多個單位，排了好幾天，每天不是中午便是晚上，都與部屬同歡，雖然培養了感情，可是我們身體卻吃不消。

終於有一晚，在吃完尾牙宴後，我便醉倒不省人事。同事迅速開車將我送回家，剛到家，便吐得滿地都是，內子立刻幫我脫衣服、洗澡，然後送上床，其他就一概不知了。直到第二天醒來，妻才將昨兒個的糗事告訴我，她說：不會喝，就不要喝，昨天你的醉相眞難看，不但滿身酒臭味，而且吐得滿地，替你清洗衣物及打掃家裡地板，讓我花了很大精力。你也實在太傻，老闆有「禁酒令」，你不是有高血壓嗎？把藥拿給老闆及同事看呀，他們會忍心叫你喝三杯嗎？服從這種「命令」，便能升官嗎？你要以身體為重呀！

這次醉後失態，也讓我下定決心，以後絕不喝酒，以免血壓繼續升高，影響身體健康。但不喝酒，工作忙碌，應酬依然多，我的低血壓高到一一〇，吃了降血藥仍然不降，這是一個警訊，學護理的內子告訴我，唯有退休多休息，才能降下來。經過愼重考慮，決定拿了退休俸，揮別了我那一群可愛的伙伴。但那次尾牙在我記憶中卻永難忘懷。

（原載九十一、二、二十三《中國時報》浮世繪、三十八版）

喝酒馴夫記

友人嗜好杯中物，而且常常喝到「杯底不能飼金魚」的地步。有一回他醉得衣履不整不省人事地躺在地上，被同事抬著送回家中。

他太太見狀立即拿了瓶米酒，生氣地大吼：「叫你不要喝，你還是喝得爛醉如泥！好吧，這瓶米酒給我喝下去！」

他那時其實已被驚醒了，但卻裝死。太太看他沒動靜，著急了，「好！你不喝，我喝！」她便氣急敗壞地「咕嚕……咕嚕」將一瓶米酒灌下肚子，並說：「看到沒有！看到沒有！」據他事後說，如此氣氛，他不敢吭氣，裝迷糊過了一晚。第二天早上夫妻倆就各上各的班去了。

但到晚上，太太做菜要用米酒時，酒瓶是空的，想起「教夫」時用掉了，趕快要「頭家」去買一瓶，並對他說：「都是你害的，我現在還頭痛呢！」

這位朋友經此教訓後，很少乾杯，也很少喝醉，「杯底常常飼金魚」。

誰說「教夫」沒有用？

（原載八十三、五、二十一《聯合報》繽紛、三十六版）

還我潔淨清新的天空

收看電視中環保署告訴我們空氣品質下滑，最好減少出門的消息，再打開窗戶望著屋外一片灰茫茫的天空，我心裡感到好沉重。不禁在問，難道這就是我們所居住的環境？想想，我們只有一個地球！我們有責任爲自己及子孫們打造一個乾淨清新的空間，使大家活得健康快樂，但更應該立即爲維護環境清新行動。

凡是去過澳洲或紐西蘭的人，沒有一個人不稱讚那兒的綠色大地及新鮮空氣，更比喻爲人間天堂。在讚嘆之餘，可別忘了別人在防止空氣污染及環保上所作的努力，我們應以「他山之石，可以攻錯」的心情，以「還我潔淨清新的天空」。筆者認爲可從下列幾方面進行：

一、騎腳踏車：騎腳踏車，不但是零污染，無停車困擾，更是一項良好的運動，治「上班族」腰酸背疼良藥。

二、騎電動機車：此種機車有低噪音及空氣污染零排放之優點，對清新空氣及人體有極大之幫助。

三、計程車改裝瓦斯燃料，以降低污染源。

四、搭公車或交通車：減少停車麻煩、節省交通費用，而街道因自用車輛減少，污染源亦相對下降。

五、定期保養，定期檢測：減少污染源最好的辦法，就是對使用的汽、機車，定期保養，使機器維持正常狀況，不但可延長使用壽命，更可發揮對大地的環保愛心。

六、使用無鉛汽油：無鉛可使我們空氣更加新鮮。

相信只要民衆有愛心及守法，政府嚴格執法，我們必會有一個亮麗的天空。

本文榮獲台灣省政府環保處「還我潔淨清新的天空」徵文第參獎。

（原載八十六、七、八《台灣新生報》十二版）

健康便是財富

有人說：「健康便是財富。」這句話一點也不錯！因爲即使你賺得了全世界，但沒有健康，一切都是枉然。因此，如何擁有一個健康的身心，每天都能精神煥發，快快樂樂的過日子，才最重要。

筆者以五十多年來維護健康經驗，感覺要擁有健康的身心，必須具備下列幾項要件：

一、天天運動：運動可使我們身體保持活力，流出汗水，促成新陳代謝。但運動最好是找適合個人體能或興趣的運動，勉強去做不一定能達成運動的目的。像我不適合跑步，便選擇游泳，每天晚上游個三十分鐘，不但高高興興，而且精神百倍，達到運動的目的。

二、飲食不過量：以往我們都喜歡勸別人，好吃的多吃一些，實際上是不正確的，好吃的也應適量，不要多吃。因爲過量的食物不但會造成膽固醇過高，而且血糖也會上升，對身體不是好現象。現代人應注意身體攝取熱量的均衡，保持精神清爽。

三、勿接近煙酒：抽煙過多不但會造成肺癌，更容易造成環境污染，而喝酒過多，也易造成高血壓。因此，煙酒均是我們身體的殺手，宜遠離爲妙。

四、保持快樂心情：人生在世，不確定的因素實在太多，如果每天煩惱，會生活在痛苦之中。因此，將許多事以平常心來處理，尤其名利看淡，心情也就自然快樂。

五、擔任志工：從小到大，都有人爲我們服務，在我們有能力時，去服務別人，將會使自己無憂無慮。抱持著「人人爲我，我爲人人」的心，身心一定健康，比擁有億萬財富更會令人滿足。讀者諸君，您不妨一試！

（原載八十九、八、十高師大《成人教育簡訊》健康保健、三版）

萬象篇

美國也是萬萬稅

有人常嘆「中華民國萬萬稅」，其實與美國比較起來，我們的稅並不算重呢！在美國俄亥俄州留學的一名我國留學生，課餘替學校做工讀生，一個月才領到美金三百元，結果扣聯邦稅百分之七·〇六，約二十一·一七元，州稅百分之零點九一，約二·七二元，地方稅百分之二，共六元，實際上只拿到二七〇·一一美元。而薪水袋中還附上封信，說「學校爲服務社會，每年要募款二十三萬五千美元，請大家共襄盛舉，不久會有人與你連絡。」

這位自費前往讀書的留學生，接到薪水及信後，眞是哭笑不得。

（原載八十四、十、二十五《台灣新聞報》萬象版）

大阪候機不無聊，可在機場洗個澡

候機，常常令人感到無聊，日本大阪國際機場爲體貼候機旅客，特別在機場「本館」區設有休息室及遊戲室，以「打發」時間。遊戲室是屬於孩子們的，完全免費。休息室則是「使用者付費」。一個人每小時二千二百日圓。二個人則每小時三千日圓。如果要沐浴則每三十六分鐘六百日圓，一小時一千二百日圓。如果想休息又要沐浴，則一人每小時二千九百日圓，二人爲四千四百日圓。另外休息室內還設有電動按摩椅，每人每小時收費五百日圓。許多久候的旅客，不但可以輕鬆一下，也可重整容貌，眞正是「休息可以走更長遠的路」。日本大阪機場不但抓住旅客的心，也打開了知名度。

（原載八十七、十一、十三《台灣新聞報》萬象、二十一版）

哈爾濱人在矛盾中尋找樂趣

在白山黑水間的東北省黑龍江省哈爾濱市，是人們心目中的「冰雕」王國，實際上他的四季也多彩姿—春天是詩情畫意，夏天浪漫迷人，秋天彩色艷麗，冬天雪景滿地。

哈爾濱又稱「濱江」，與瀋陽、大連、長春同稱東北四大都市，也是我國十三個院轄市之一，滿語稱爲「曬網的河岸」，是「好濱」的轉音。蒙古語則是平原或草原之意，有「東北的上海」之稱。

哈爾濱的冬天是冰天雪地的嚴寒，尤其過完「臘七臘八」、「三九、四九棒打不走」的酷寒階段，寒冷便處於尾聲，「兔子尾巴長不了」時，春天便很快來臨。

哈爾濱雖然很冷，但那兒的老小，都以冷飲如冰淇淋、雪糕、棒冰（即冰棒）做爲餐後、閒時之零食。而吃飯時恰恰是火鍋涮牛肉，看似不協調，實際上東北人們生活的格調就是這樣；像吃酒，一頓飯，吃了半斤燒酒，還能喝掉三、四瓶冰啤酒，人們就是在這種矛盾中生活，尋找樂趣。

冬天的哈爾濱，雖然天冷，但商店中照樣可以買得到西瓜、葡萄、桔子、梨、黃瓜、佛手等等新鮮蔬果。生活在哈爾濱的人們，也懂得如何使自己過得愉快又滿足呢！

（原載八十四、九、八《忠勤報》三版）

博士袍價不低

每年五月都是美國各大學畢業典禮的季節，因此即將畢業的學生，現在都忙著製做畢業禮服。您知道一件博士袍身價是多少？一般一套博士袍包括長袍、披肩及帽子等三項。日前，美國一家畢業禮服製作公司，列出了在質料相同而顏色、設計不同的狀況下的價格，一般都在五百到七百美元之間，最便宜的是耶魯大學，只要四百九十九元，最貴的是美國技術學院，是七百五十六元，其次是史坦福大學七百二十三元，波斯頓學院七百零一元。

（原載八十八、三、九《台灣新聞報》萬象、二十一版）

找錯專家投錯門

漏水實在煩死人，抽水馬桶每天「滴答！滴答！」的滴水，而且常常自三樓滲至二樓樓梯頂，滴得令人討厭，不但每月水費增加，而且處理漏水也囉嗦。於是病急亂投醫下，找了一位懂水電的老同事來家修理，但他下了很大功夫，不但請教別人，而且還看說明書，結果還是沒辦法，替我介紹一位台南的所謂「抓漏專家」。打電話找「專家」，約定時間，總算一家人（包括太太、兒子）來了，他若有其事，到處聽，到處找，也解決不了。最後像發現奇蹟式的說「是抽水馬桶問題！」於是將馬桶橇起，果然在桶座底四週有水漬，他指揮太太先將水漬清乾，然後用水泥將底座糊好，再將馬桶裝上，說「沒問題了！」然後告訴我「我們一出門，不管大小漏，最少四千元。」妻看他到處抓漏，相當辛苦，又有熟人介紹，就給了他四千元。然而三天後，仍然「外甥打燈籠—照舅。」再打電話也找不到人。於是與內人商量找馬桶原製造廠商派人來看，原來是水箱中一個圓形橡皮墊圈壞了，換了一個材料連人工才二百元。馬桶中「滴答！」聲沒有了，到目前爲止，也沒有看到二樓樓梯頂有漏水。再仔細看馬桶座下的水漬，原來是靠近地面的水開關漏水所致，將水開關換一個小墊圈也不漏水了。想想那白花的四千元，都是無知的代價。如果早些找原廠商，也不會發生這種糗事了。

這件事給了我一個最好的經驗與教訓，也給我上了一課，那就是不再「找錯專家投錯門」了。

（原載八十四、六、十八《中華日報》采風版）

有卡沒有電自然被卡住

現代人眞是幸福，「一卡在手，希望無窮」。將卡插進「電話機」，可以解除一縷相思情；將卡放進「櫃員機」，馬上就有孔方兄到來；將卡插上大門，立刻可以回宿舍或旅館房間，再插一次就可以大放光明。將卡交給商店收銀小姐，進入電腦後，就可以迅速付帳。將卡插進影印機，立刻有複印文件出現。我不知道世界上還有什麼事比這件事更方便？因此，沒有電的日子是個什麼樣的世界，我眞不敢想像。我只知道，停電時最糟糕的是，所有卡均將失靈，從「卡方便」變成「被卡住」。

隨著人口大量增加，電力也漸感不足，每個人雖然都享受著「來電」的好處，但如果將電廠蓋在他家附近，又有一百個不願意，甚至「要電不要核能電廠」，在電源無法增加下，大家將來只有忍受「停電」的痛苦吧！

（原載八十四、四、十二《中央日報》電的世界、二十版）

環保三思

日前，從電視、報紙、雜誌上看到美國及中國大陸的環保「新知」足以振聾發聵，讀者且聽分明：

一、洗衣用磁碟不用洗衣粉

最近一期的美國「新聞週刊」報導美國加州一間貿易公司，日前推出一種代替有毒洗衣粉的清潔磁碟。在洗衣服時，只要把三枚小磁碟投進要洗的衣服中，磁碟內部帶電的粒子會在洗衣服期間使轉動的水電離化，這些粒子進入衣服纖維內部，吸住灰塵和污物，將它們帶出來沖走。一盒有三枚磁碟，售價六十美元，大約可洗七百次。

不知國內是否有人買回來試試？用過的磁碟片如何處理？如果能代替洗衣粉的缺點，不也是環保一大福音？

二、減低污染的汽油新配方

不久前，電視報導，美國發展一種汽油新配方，比目前市面汽油可減少百分之十五的空氣污染，也可減少汽油中的有毒氣體。

這消息値得中油與環保署去研究，在我們的天空，經常處於品質不佳狀況下，只要能減少一份污染就是我們的福氣，我們希望有一個乾淨舒適的環境。

三、廢棄膠煉製汽油

大陸北京近郊的「金河石油廠」，宣稱以廢塑膠回收煉製爲石油，生產時噪音小，回收設備新穎乾淨，成本低廉，耗費能源亦少。據說每噸油的售價是二千元到二千三百元人民幣，除去每噸原料要用三百公斤的煤，估計有百分之三十五的利潤。

報導指出：回收最大功臣是讓油料還原的觸媒劑。

無論如何，對我們號稱「塑膠王國」的台灣來說，是一大資訊。至少我們可派人去瞭解實況，如確有價値，不妨與之連繫，對資源回收及減少污染，豈不一舉二得？

不知讀者您，是否也陷入環保「沉思」之中？

（原載八十四、三、二十七《中華日報》釆風、三十二版）

最迷你的致謝詞

畢業典禮在黃昏舉行，尤其是在周末，應該是很有情調的事。高雄醫學院今年別出心裁，訂在六月十八日下午五點於大操場實施，當天雖有黃梅雨，但午后五點仍然陽光普照，操場上到處一片喜氣洋洋，大家正慶幸天公作美，卻在畢業生致謝詞時，突然「嘩啦！嘩啦！」大雨來了，這位畢業生代表，不忍師生淋著雨聽她講話，靈機應變說：「我的致謝詞都在手上這張稿紙上，會後可供參考，我只有一句話『謝謝老師！』」立刻贏得全場掌聲，雨仍在下著。

（原載八十三、六、二十八《台灣新聞報》萬象、四十版）

離奇的巧合

天下的事，似乎是冥冥中註定，不由得你不相信。話說我們這近三千人的工廠，有二位副廠長，除了我之外，另一位也姓王，那位副廠長比我晚一年來，是我的學弟。就在前年的十二月廿七日，我岳父因病去世，在悲戚聲中，我正準備赴台北替他老人家辦喪事，想不到兩天後（十二月二十九日），突然接到另一位副廠長太太的電話，要我轉告她先生，他岳父也去世了。我岳父叫金思明，他岳父叫楊思明。三天內兩位副廠長的岳父相繼去世，連岳父的名字也相同，而且兩位副廠長都姓「王」，您說，這是不是巧得不可思議？

（原載八十三、一、二十《台灣新聞報》萬象）

留住青春年華

在筆者參加的讀書會中，有一位退休女老師，芳名叫做「劉春華」，她告訴大家：「非常感謝父親替我取這個名字，因爲可以『留』住青『春』年『華』。我們家孩子，都是排『春』字輩，本來家人有意叫我『春才』，但父親執意取『春華』，因爲『春才』會被唸成『蠢材』，父親的堅持才使我有快樂的一生。」

的確，我們看她滿面春風，聽她爽朗的笑聲，全身都充滿著自信，這姓名還眞「大有名堂」。

（原載九十、六、四《中國時報》浮世繪、二十二版）

關金券，關稅自主紀念

民國十九年一月，國民政府宣佈了關稅自主，並公佈海關「金」單位，以代替從前的「兩」單位，且由中央銀行發行「關金券」以做紀念。圖中「關金拾分」券爲筆者所珍藏，是由美國鈔票公司印製，中央銀行在民國十九年於上海發行的鈔票。

關金券正式流通全國，是在民國二十三年十月十六日，由當時財政部規定上海企業交易以關金券爲交割標準。直到民國三十七年七月，中央銀行又發行大鈔關金券，共分一萬、二萬五、五萬及二十五萬等四種，使「關金拾分」變得有「小巫見大巫」之感。

（原載八十八、十、二十五《聯合報》鄉情、三十九版）

農民銀行更名紀念鈔

父親去世後，大哥在清理他的遺物時，發現了一些他自大陸帶來的舊紙幣，其中有一張是中國農民銀行在民國二十四年所發行的紀念鈔票。

農民銀行的前身是豫（河南）、鄂（湖北）、皖（安徽）、贛（江西）等四省農民銀行，創立於民國二十二年。後來因業務範圍遍及全國，因此在民國二十四年更名爲中國農民銀行，成爲當時我國四大銀行之一。而這張紙鈔正是當年所發行，距今也有六十五年的歷史了。

這張「拾圓」鈔票最大的特色是以農家爲主，鈔票正面是以農家收成爲主題，像忙著收割、堆乾稻草、篩稻穀等，呈現出一幅「農家樂」的景象。鈔票的正下方有「中華民國二十四年印」的字樣，另外還有「憑票即付國幣拾圓」都是現代紙幣所沒有的。鈔票的反面則是有一張以馬耕作的照片，正顯示出馬的辛勞。正中央是農民銀行的外觀圖案，上有一行英文小字表示「持票人在此處印付」。鈔票最下方英文小字「THOMAS DE LA PUE A COMPANY LIMTED LOMDON」表示由倫敦一家印鈔公司所印製，當時我國還無法自印鈔票呢！

我國是「以農立國」，中國農民銀行的成立，對農、林、漁、牧等之農業發展，有相當大的幫助，也爲農民們所津津樂道。農民銀行在民國三十八年隨政府遷台，到民國五十六年五月二十日復業。這些年來，對台灣農村建設及農業發展有莫大的貢獻。筆者珍藏這張農銀更名紀念鈔票，更顯示當初農銀服務全國農民的理念是正確的，也有其深遠意義。

（原載八十九、九、二十六《中國時報》浮世繪、三十六版）

輔幣滾邊有玄機

我國發行的輔幣共有五角、一元、五元、十元、五十元等五種，且均為圓形。除五角的幣邊沒有齒外，其餘四種均有齒，以防偽造。而五十元硬幣更在幣邊滾上了「NT50」。這種高級技術是中央銀行特別自英國 EVD 公司引進「高速幣邊滾字機」所製造，每分鐘可印三千到四千枚，極難偽造。

目前「幣邊防偽滾字」，在世界上有十餘國採用，如英、德、香港及我國等國家。

（原載八十四、九、十五《台灣新聞報》萬象）

麻將出現量販店

日前在高雄市發現一家麻將量販店，它不但號稱「如意」，而且還是「東方不敗」，相當誇張，但倒也吸引了不少顧客。

走進這家麻將店，首先映入眼簾的是高雄市長吳敦義核准的營業執照高掛在牆左側，然後牆正中央有「麻將十大守則」：一、準時赴會，二、將數先議，三、洗牌迅速，四、吃碰依規，五、取放宜輕，六、起手無回，七、心平氣順，八、風度保持，九、上廁應少，十、帳目要清。愛好方城之戰的朋友，如果都能遵守這些規則，相信一定樂趣無窮。

據店員小姐表示，最貴的一副麻將牌是二十四K金的，要賣八萬八千元，其他有六千元、一千二百元、一千元、八百元的不等。這種店，全省有四十多家。

店內還有一副較普通麻將大一倍以上，不但字大，而且體大，這是大陸上專供老人打的大型麻將，挺有趣。

目前在台灣最常聽到的麻將種類有十六、十三、十二及十八張等四種。十六張，一般稱台灣麻將；十三張，則稱老麻將；十二張，則是帶寶的；十八張，則是年輕人發明的。一般而言，十六張是本省同胞的最愛，十二及十三張則是外省同胞老一輩較喜歡，而十八張則是新新人類的興趣。

打麻將，有人戲稱方城之戰（疊起來像圍城一樣），也人有稱游泳（搓麻將像游泳）。只要不賭博，不熬夜，只是玩玩，應該是「衛生」的。

有些年輕的子女，鼓勵退休的父母打「衛生」麻將，說是不會得「老年痴呆症」，不知有沒有醫學根據？但老年人多動腦筋是不會錯的。

麻將既然公開上市，希望大家當做正當娛樂，不要賭博，和氣生財，別拂了政府美意。

（原載《聯合報》鄉情版）

打麻將守靈

雖然家母已經過世二十多年了，但當年鄰居們徹夜陪伴我們，守著母親的靈柩直到出殯，使我至今仍難以忘懷。

民國六十二年十二月十九日我正在陸軍兵工學校受訓，接到家母病危的電報後，立即請假趕回家中，淚眼中，只見母親已安祥的「睡」在棺木中，圍在靈柩旁的是五、六桌熱心協助的鄰居，正一邊打麻將，一邊談著往昔與家母交往的情形。

當時電視節目不多，打麻將是主要的娛樂，主婦白天做完家事，幾位好友一起玩個八圈，由於都是打「餐」的，所以輸贏不大。母親生前也喜歡打衛生麻將，她爲人熱忱，從不與人計較，所以鄰居都喜歡找她。守靈打麻將，正是幾十年的老鄰居在表達那份依依不捨的感情。

後來，由於「守靈打麻將」變了質，所以這項頗富人情味的守靈方式也逐漸消失了。

講實話，我還是挺懷念「守靈打麻將」的人情味。有人嫌吵說：「人死還不得安寧」，但想到熟人去世時，喪家孤零零的守夜，悲傷痛苦的心情，實非外人可以得知。

現代人去世後，屍體往冷凍庫一放，出殯那天才拉出來，其魂魄在冷冷冰冰的世界裏，只怕更加孤寂，更加寒冷。

死後的世界是安寧？孤寂？是冰冷？無情？只有死者才最清楚吧？

（原載八十三、七、十一《中華日報》采風版）

垃圾麻將

天下之事，五花八門，無奇不有。有人趁溜狗找午妻，有人趁出差找細姨。而我朋友趁倒垃圾打麻將，也是天下一絕。

老張對麻將愛死了，但懼於太座的「禁令」不敢違抗。左思右想，於是趁每晚下樓倒垃圾之際，到幾個好鄰居家中，摸上幾把。

今天到老王家，叫老王離桌，讓他玩兩把；明天到老李家；後天到老胡家。如此輪流，仍是挺過癮的。

但他常常「自摸」後欲罷不能，不走也不行，否則太太問起：「倒垃圾那有這麼久的？」可能會穿幫，只有忍「痛」回家。

老張這「垃圾麻將」綽號在同事間，不脛而走，成爲笑談話題。唯一被蒙在鼓裡的，是我們的弟妹——他的太太。最重要的是，因爲我們之間誰也不願去當破壞別人家庭氣氛的劊子手。

（原載八十三、九、五《聯合報》繽紛）

旅遊篇

孤寂的盧溝橋

去年九月，趁陪家父赴大陸探親之便，順便也參觀了在北平近郊的盧溝橋。在北平的舅舅，陪父親及我叫了輛「麵的」向目的地奔馳，遺憾是這位「師傅」對盧溝橋並無印象，我們只有沿途停停問問，花了一個多小時，才到達「中外聞名」的「名勝」。想不到只有稀稀落落的少數旅客，但門票可要三元人民幣。

在未赴大陸前，筆者曾翻閱一些有關盧溝橋的資料，而一首北方民歌「盧溝問答」很有趣，又能讓您對該橋有概略的認識，抄錄如下，以饗讀者：

「問：永定河，爲什麼叫盧溝？」

答：永定河，水渾叫盧溝！

問：盧溝橋又是什麼時候兒修？

答：盧溝橋是金朝大定二十七年修。

問：橋有多寬？多長？多少洞喲？橋上的石獅子有多少頭？（依呀呵！）

答：橋有六丈六尺寬，六十六丈長，還有十一個洞喲，橋上的石獅子有百來頭。（依呀呵！）」

盧溝橋位於北平西南郊宛平縣境，已有八百年歷史。橋的前後各有一座石碑，其中一座碑上刻有乾隆題的「盧溝曉月」，據說農曆每月月中，夜宿盧溝橋可以觀賞曉月的風采。古時兩岸多旅舍，行人旅客往來絡繹不絕，疏星曉月曙景蒼然，因而得名。明朝顧起元有名句「盧溝橋上月如霜」襯托出它的美景及風光。

盧溝橋建築宏偉，具藝術價値，橋身全部爲白石，橋面寬敞，橋面中間爲暗綠的石料舖成石路，二旁則爲縱波花崗石。兩邊各有一百四十根石欄雕柱，柱頭各有一組形態逼眞、神態互異的石獅子。橋墩平面呈船形，迎水的一面呈尖形，爲了防禦冰塊和洪水，各裝一根三角鐵柱。

橋上的石獅子，千姿百態，有凝視行人，撫育幼子、玩弄絨球、仰望雲天、雙雙戲逗等不同姿勢，可愛極了。在石獅子腳旁、肚下、背上也有小師子，我以爲數對了，結果舅舅告訴我，「你看，這兒還有一隻！」眞讓人數也數不清，有些獅子已經風化了，很不好認呢！家父很有興趣，且毫不含糊的數著，最後告訴我們每邊一百五十八隻，一共有三百十六隻。

舅舅告訴我，盧溝橋曾遭洪水氾濫，淹沒了多少人家。歷史上這兒也曾發生過多次戰略性的激烈戰鬥。最有名的是在民國二十六年七月七日的「七七事變」第一聲抗日砲聲，便發生在這裏，多少無名英雄在這裏爲國犧牲，我不覺雙手合十，向橋身一拜，對亡魂獻上我的最高敬意。

我們在「盧溝曉月」及石獅前留下珍貴鏡頭，如果不是政府開放探親，那能有機會在此流連？心中有頗多感慨。

離橋不遠，在宛平城內有一座「中國人民抗日戰爭紀念館」，是中共於七十五年七月七日所建，我們沒進去參觀，雖然裏面陳設了大批抗日戰爭中的各種原物，但中共自我標榜的功勞是可想而知的。據說中共還要拍抗日戰爭影片，彰顯其對抗戰的貢獻，大家只有心知肚明了。

不到一小時，我們已遊罷盧溝橋，以往「中外聞名」，到今天卻如此落寞，令人不勝唏噓。這座橋曾喚醒了東亞的睡獅，讓中國人團結了起來，那第一聲砲聲，曾激起了多少中國青年的拋頭顱、灑熱血！？想到這些，我的淚水不聽使喚流了下來，我不希望那段轟轟烈烈的歷史，在人們記憶中消退。

到今年七月七日，「七七事變」將是五十七週年紀念了，在日本人要想盡辦法抹去這段歷史時，做爲一個炎黃子孫，能讓有們死去的同胞含恨九泉嗎？

（原載八十三、七、七《青年日報副刊》）

大陸見聞二三事

一、大陸的「反聘制度」

日前赴大陸北京探親，二個舅舅均已退休，由於他們具有專業能力，而且也曾任主管，因此原單位留用他們。每禮拜只要去三天，不用簽到及打卡。大陸稱這種雇用辦法爲「反聘制度」，意思是說「你已退休，由於表現良好，反過頭來聘請你。」與我們顧問性質差不多，每個月給一些車馬費。大陸公務員退休後均有月退俸，與退休前待遇（扣除主管加級）差不多。如果經評定特優或特殊技術人員，每月還可多領「一百元人民幣」，以示優遇。

二、伏地挺身及「ABC」測驗

小弟的小舅子在大陸廣州及深圳二地分別開設製造高爾夫球頭工廠，招募工人有千名之多。但前來應試的人相當踴躍。有些需要力氣的工作，便測驗工人的「伏地挺身」，這與我們剛來台灣時，工廠中招考工人，要求每人背五十公斤沙包，繞操場一週，有異曲同工之妙。

在他們「高爾夫球頭工廠」也需要用一些簡單的英文，因此對報考的工人，也需做一些筆試及口試的測驗。有趣的是，工廠附近的街上，也有「ABC」補習班，也有考古題。「考古」是中國學生共通的語言，補習班學生不少，生意相當興隆呢！

三、北京人家門口掛蔥蒜

如果你到過北京的百姓住家，幾乎家家戶戶的門口都掛著青蔥及串串的大蒜頭，倒是別有一番風味。我曾問過舅媽，她說：「香嘛！當然也有驅蟲的作用。」由於北京天氣寒冷的時候多，一年四季掛著不會壞，如果在台灣這種亞熱帶氣候，掛在門口，不是枯死就會發霉呢！

（原載八十四、五、二十一《中華日報》采風、二十版）

兩岸文學作家的橋樑

——高雄市文藝協會

猶記得民國九十年二月九日，第一次參加高雄市文藝協會近百人的會員大會，當時是在澄清湖傳習齋舉行，看到衆多讓我久已嚮往的南部作家，如李冰、楊濤、蕭颯、周嘯虹、王蜀桂、張培耕、林仙龍、李玉、洪麗玉、陳麗卿等人，眞是欣喜若狂。這次會員大會是由周理事長親自主持，厚厚一本字跡清晰的會議手册，從議事日程、理監事工作報告、決算收支對照表、下年度工作計畫、收支預算表、會員名册等等，讓人一目了然，這是我所參加過的民間社團中，最完整又負責任的報告。尤其有些民間社團最讓人詬病的地方，便是會計帳目不清，但高市文協卻整理得清清楚楚，還獲得出席指導的高市社會局代表當場讚揚呢！

高雄市文藝協會創立於民國八十一年，她的第一、二任理事長，是由名作家蕭超群（蕭颯）負責，前後共擔任了六年，在他任內的民國八十四年及民國八十五年，分別辦理過一次兩岸文學作家交流互訪活動，也形成了本會的最大特色，也因此得到不少好評。直至民國八十七年，在周嘯虹先生接任理事長後，開始發揚光大。周先生不但聘請顧問，還募款找經費，以全力推動會務，然後舉行會員作品研討會，聘請資深作家擔任講評，對會員的作品，提供寶貴意見，全力提升會員創作水準；其次，創辦「新文壇」會刊以及舉辦「文藝列車駛往學校」活動，由知名作家分赴各高中、職校舉行文藝座談，以帶動青年文藝風氣，收到青年學生廣大的回響；同時協助會員申請高雄市文化基金會補助出版等等工作，讓人看到一股新的氣象。最特別的是，在周先生的第三屆任內，共辦理過兩岸文學交流活動六次，使兩岸作家互訪，增加瞭解及情誼，提升文學水準，因此，還被行政院陸委會評定爲優良兩岸文教團體，特別是在六十三個申請團體中，僅錄取九個單位，榮譽誠屬得來不易。

在周先生的第四屆理事長任內的民國九十一年，適逢高雄市文藝協會創立十週年，除了舉辦慶祝酒會，邀請名作家陳若曦、楊濤專題演講外，並出版老、中、青三代作家的作品《南方的和絃》專輯，發揮了承先啓後之功能，開啓文運之重責。同時也辦理會員個人作品贈書活動，以及展示兩岸文學作家的成果。這對南部文壇來說，應該算是空前勝事，並洗刷了高雄市是「文化沙漠」之恥，爲港都帶來了綠洲，有一股涼涼綠意。

同年十月，該會應中國作協之邀，組團訪問北京、雲南，並由北京崑崙出版社及中國作協爲周嘯虹理事長舉辦出版座談會，崑崙出版社僅曾替臺灣作家黃春明及陳映眞出版過書，周理事長是第三位，當天，兩岸文學作家及研究生共有上百位參加，情況十分熱烈。

去年四月八日，高市文協邀請大陸中國作協訪問團來臺，參加「近代臺灣文學發展」研討會，高市文協及中國作協的多位作家發表論文，如李冰的〈管窺南臺灣文學五十年〉、洪麗玉的〈文學南方覓跡痕〉，以及曾人口的〈胡適文學改良溯源及新體詩音韻與名稱之商榷〉等，而中國作協則有北京師大教授沈慶利的〈殖民時代的叛逆精靈（呂赫若）〉，中國作協文藝報副主任胡軍的〈研究鍾理和引發的一點思考〉，以及同是中國作協文藝報副主任的石一寧則談〈吳濁流文學思想探析〉等，並請國立高雄師範大學汪志勇等七位教授擔任主持及評論人，這在南部文藝界是一大盛事，特別是探討〈近代臺灣文學發展〉，是前所未有，誠如前高師大教授方俊吉所言：本研討會內容堪稱爲臺灣文壇發展珍貴史料。高市文協讓對岸作家瞭解及認識臺灣，並增進友誼，功不可沒。

由於周嘯虹理事長熱心兩岸文學作家交流，在大陸作家有「海峽虹橋」、「文化使君」的美譽。從大陸作家王火的一首〈長相思、訪高雄〉的詞中，可以感受得到：「出大陸，沐海風，飛經香港到高雄，路曲盼直通。春光豔，喜相逢，人傑地靈九州同，最感親情濃。」可見大陸作家來到高雄所感到的溫暖。

高市文協及中國作協的交流，只談文學，不談政治，就像王火所寫：「讓我們爲中國文學的發展，乾杯吧！」他寫道：「你可以欣賞你的美妙，我可以保持我的愛好！讓我們爲中國文學的發展乾杯吧！求同存異把交流搞得更好！」這段話，來形容高市文協及中國作協的交流，實在很貼切。在周先生的第四屆理事長任內，辦理過兩岸文學作家交流三次，接待大陸文化訪問團體兩次，可以說來往密切，加深大陸民衆瞭解臺灣。大陸作家也視高市文協是兩岸文學作家的通路，筆者也從兩岸文學作家交流中，得到更多的啓示。如今，周嘯虹理事長雖然已經卸任，由名作家楊濤接任，相信在他的領導下，高市文協有更深遠的未來。

（原載九十三、十二、十八《青年副刊》十版）

難忘的奇美藝術之旅

這是一個美麗晴朗的星期假日，高雄市立圖書館推廣組試辦的藝術欣賞活動，把我們帶向台南奇美博物館。

當日下午二點鐘，我們抵達了奇美博物館，人在館外便呼吸到一股藝術氣息，館外庭園內陳列了許多藝術仿製品，十分吸引人。最讓我感到欽佩的是，創辦該館的奇美實業董事長許文龍先生，他在事業成功之後，能夠毫不吝嗇的回饋社會，使民衆不花錢便能浸潤在「美的教育」中，進而提昇生活品質，邁向先進國家之林。

欣賞藝術，不是一蹴可及的，一定要慢慢去看，甚至去想、去聽講解、去討論，才會興趣無窮。

奇美博物館，我也曾經去過多次，由於每次同行均是不同類型的伙伴，自然有不同的境界。而此次是與「文化」人士同行，效果更是不一樣！

整個奇美博物館共分好幾個展覽區，由於藏品豐富，且多爲世界罕見的珍奇寶貝，要想花二、三個小時內看完，簡直是不可能。於是我們選擇比較特別的仔細觀賞，其他的則瀏覽一番，只好等下次有機會再來了。

在古文物區看到十九世紀敘利亞的鑲銀銅壺，是我平生第一次所見，有趣而可愛。在古兵器區看到清康熙年間的武成永固大將軍砲，由比利時傳教士南懷仁所鑄造，完成於一六八九年，可惜清代沒有將造砲技術發揚光大，在光緒二十六年（一九〇〇年），經八國聯軍之役，此砲遭德軍帶回柏林，幾經轉手，在一九九四年，才由奇美購回收藏。

在自然史博物館，我們看到二十五億至三千萬年前的原古代海洋中藻類，在淺海地形成海藻礁，稱作「疊層石」的東西，相當珍貴。在這一區還能看到一頭像馬而非馬，體像驢而非驢，蹄像牛而非牛，角像鹿的「四不像」動物，眞感到大自然的神奇，並且也慶幸自己是如此有福。

在西洋繪畫區，我與林澄清學長試著不看說明，在欣賞完三幅畫後，再各自表述自己看畫的觀點。首先我們看的是法國畫家巴托洛美．艾伯堂所畫的「麵包」，我們從色彩明暗、人物表情等地方來詮釋看法，結果與畫家以暗色調貼切的詮釋窮困家庭艱辛拮拒的狀況大致吻合。第二幅是看法國畫家佐洛・馬來尼也茲的「祖父」，畫的內容是祖父坐抱著孫女用手指著遠方，光線與氣氛十分融洽，也暗示著遠方的父親即將歸來，人生是充滿希望的。第三幅是法國畫家裘利恩・杜普荷的「拾穗的婦女」，隨著夕陽的下山，婦女們抱著麥穗回家，象徵著辛苦總是有代價的。從與林學長的討論中，使我增加了更多的智慧，畢竟自己欣賞只是單向的。

俄國大作家托爾斯泰曾說：「只有與人類關連的藝術才是最美的藝術。」在奇美博物館中，件件都與人類有關連，眞是讓我們見識到最美的饗宴。

（本文作者爲長青中心志工）

（原載八十九、十一、十《成人教育簡訊》義工園地、四版）

「災難觀光團」又來了…

南亞大海嘯災難發生後，泰國政府不希望遊客再進入普吉島，且我國和各國政府都發布警告，希望民眾暫時不要前往普吉島之際，但昨天中午竟然還有兩個台灣旅行團不畏險境，搭華航班機前往普吉島旅遊。

根據業者估計，在大海嘯發生後，這兩天還有近百位台灣旅客要前往普吉島旅遊。雖然觀光局表示，政府目前的警告也無強制力，只能希望旅客要有危機意識。特別是南亞各災變國因溫度高的關係，屍體曝曬的情況下很可能爆發傳染病，所以有關單位希望旅客最好避免前往災區，這種柔性的呼籲，只能讓人感覺我們缺乏同情心。尤其現在受災的南亞地區各觀光區，最需要的是重整家園，以及志工、大量物資前往援助，如果去觀光，當地的民眾，會做何感想？會以爲是看笑話，甚至於妨礙別人重建。萬一感染到傳染病怎麼辦？何況泰國政府已經不希望遊客再進入普吉島，我們更應該尊重地主國。

回想我國發生九二一大地震時，還不是不希望遊客進入災區，將心比心，我們更應該體諒災區民眾的痛苦，給災區民眾精神或物質上的援助，才是我們最應該做的事。

（原載九十三、十二、二十九《中國時報》時論廣場、A十五版）

澎湖二日遊

早上五點多鐘就醒了，這輩子沒去過澎湖，心情相當興奮。在國小課本上早就讀過澎湖群島、海中樂園，它是由六十四個島嶼組成；屹立於臺灣海峽，不但是臺灣門戶，也是沿海外府，更有「臺灣海峽的夏威夷」之稱，使未曾去過的人產生無限遐思。

我們隨著高雄醫學院的自強活動旅行團，自高雄小港國際機場搭乘上午八點半的華航飛機。因爲天氣甚佳，在飛機上鳥瞰大地，景緻清明；朵朵白雲，呈現各種不同型狀，漂亮極了！不過二十分鐘的航程，似乎一眨眼間，就抵達澎湖機場，一片戰地氣息，也顯出澎湖戰略地位的重要。

由於時間緊湊，下了飛機，遊覽車就將我們直接載去林投公園。此公園位於湖西鄉，乃數十公頃之木麻黃叢林，依山傍水，滿目蒼翠，林外白沙碧海，浩瀚無際，林投姐的故事使公園憑添幾分肅穆。公園內有一座胡宗南將軍銅像，我與兒子在像前留了影；一代名將的行誼是值得我們學習的。

在林投公園，略作停留後，我們便向西臺古堡前進。沿途看到一座小山，遊覽車小姐告訴我們，澎湖最高的山才六十八公尺，大家不覺會心一笑。另外，澎湖僅有的一座加油站，有二位員工，但每月加油的錢，還不夠發他們薪水。可見政府爲了照顧地方百姓，賠本的生意照樣做。仔細想想，能不感謝政府德意？

我們到達西臺古堡時，看到有人在整修內部，裡面空無一物，導遊介紹西臺古堡又稱李鴻章古堡，建於清光緒十三年；當時中法海戰剛結束，清廷有鑑於海防的重要，在李鴻章力爭之下，撥款興建，歷時兩年完成。該古堡設計成「山」字形，牆厚二公尺，裝有十九世紀最新的大炮四門。來此古堡令人有發思古之幽情。

我們繼續到下一站大義宮，這是座關公廟，工程相當龐大。該廟地下室養有不少海龜，池內有許多錢幣，還有善男信女在許願呢！澎湖寺廟不少，據說有二千多個，都是打魚人祈求平安之處。

離開大義宮，即赴我們嚮往已久的澎湖跨海大橋，該橋爲遠東第一長橋，總長五千五百四十一公尺，中架七十六孔於吼門水道之上，連接白沙、漁翁兩島，使澎湖本島、中屯島聯成一環，將馬公、湖西、白沙、西嶼四鄉鎮融成圓圈，爲澎湖景色之大觀。

我們在橋上憑欄俯瞰浪潮，遠眺海天之際，群島海域景色，盡收眼底；近西嶼頭，亂石崩雲，驚濤拍岸，更爲壯觀。到澎湖，不來此一遊，乃人生之憾事也。

今早最後行程是到小時候國語課本上讀到的大榕樹——通樑榕園去參觀。此大榕樹有兩傳說：一說，是三百多年前，由一艘貿易船運來的盆景栽種而成。另一說，爲清康熙十二年

（一六七三年）左右，有一艘貿易船自福建啓航，經吼門海面時不幸沉沒，船上一株小榕樹漂流到通樑海濱的保安宮附近，由一名叫鄭享的人拾得，送給鄉民林瑤琴；林瑤琴十分愛惜這株歷經大難的小榕樹，將之植於保安宮前，沒想到這樣一過就是數百年，現在已經是佔地廣達六百六十餘平方公尺，氣根多達九十一條的華蓋榕樹了。這大榕樹是澎湖精神之象徵，歷數百年之風霜，愈戰愈勇，有如先民拓殖海外篳路襤褸之堅苦卓絕。我們來此參觀，一償宿願，也是值得了。（上）

（原載七十八、一、十二《忠勤報》）

由於澎湖只有兩家遊覽公司——中華與海灣，共十五部遊覽車，午飯後我們未作休息，立即又趕去風櫃參觀。風櫃位在風櫃半島的尾端，屬馬公鎮風櫃里，因風櫃濤聲、水柱噴潮、海水抽吸聲等三大奇觀而得名。而風櫃濤聲是因海浪在空間很小的構渠內，激盪旋轉，使岩洞內響起嚨嚨的濤聲。但今天海浪太小，又沒聲音，只有以後等冬天再來了。

由於遊覽車還有其他旅客在等，離開風櫃，我們就回馬公鎮四海飯店休息。

晚上是自由活動時間，我們在飯店附近的漁市場，看到不少奇奇怪怪的海鮮，裡面露天擺了不少桌子，三五好友，將喜歡的海鮮請老闆撈起下廚，佐以生啤酒，新鮮海味就大快朵頤起來，令不少路人垂涎欲滴！

晚飯後，我們逛馬公各大小街道。買了不少海產，也去冰果店吃了「嘉寶瓜」，它體型像橄欖球，外表光滑，淺綠色底，深綠色花紋，剖開爲金黃色，子很大，水份多，味道相當甜。入境隨俗嚐嚐味道，也算不虛此行。

澎湖用硓砧石堆砌而成的屋宇到處可見，是澎湖建築之特色；而硓砧石是珊瑚砌成珊瑚礁，蓋成房屋相當可愛，是觀光澎湖不可錯失的一大景觀。

第二天的主要行程是吉貝海上樂園。

早上七點整，我們從白沙鄉赤崁碼頭，乘夏威夷號遊艇赴吉貝嶼，該島位於白沙島北方五點五公里之海面上，船出港後，在左邊可望見一片扁圓形的綠色大島，就是吉貝嶼。大約一個小時後，我們從吉貝嶼碼頭，又走了二十五分鐘路程，到海上樂園，再轉搭交通車，每人十元，人滿就開，相當方便；另外，也有租腳踏車的，每次十元。吉貝海上樂園，在吉貝白沙尾海灘，海水相當清澈，我們全家早就準備了泳裝，並且租了部海上腳踏車，半小時二百元，一家三口騎得不亦樂乎，眞是「徜徉吉貝夕陽憶滿載，環遊夢幻情趣多」。我們也在海水中游泳，同行者均認爲我們此次收穫最多，此樂園並有美麗小屋，是休假的好去處。

吉貝盛產香陽草，煮茶，清涼健身，可以嚐試一下。

每年四月至十月，是澎湖之觀光季，天藍、海青，風情萬種，遊完吉貝後，更於我心有戚戚焉之感。

早上十點半，我們從吉貝港搭海上觀光快艇回馬公，二十分鐘左右就到了。爲了嚐試空中與海上旅遊的不同滋味，回程則搭「快樂公主號」輪船，預計下午二點半啓航，結果三點才開，從馬公向臺南安平前進。由於天氣好，海上風平浪靜，一路上十分順利。（中）

（原載七十八、一、十九《忠勤報》）

我們買的是團體臥艙票，時値盛暑，卻沒有冷氣，大家都跑向餐廳、休息室、咖啡室或甲板上去享受冷氣或涼風，而不願坐在悶熱難過的沙發上。

很久沒坐大輪船了，「快樂公主」帶給我們不少快樂。沿途看藍天白雲，巨輪乘風破浪，海水由綠變藍再變黑，體驗了不少人生。綠與藍的海水，令人心胸舒暢；而黑色的海水則是進入安平港後的現況。何時再能使海水變藍，則是我們人類不可逃避的責任。晚上七點左右，我們離開了「快樂公主號」，搭遊覽車奔回高雄。

兩天一夜的澎湖之旅，又把我的人生帶向另一個高潮，回味無窮。同時，也有幾項特色及感想値得一提：

一、因爲風沙太大，走遍馬公、湖西、白沙、西嶼、漁翁、中屯等村幾乎看不到高大闊葉樹，環繞全島，只有瓊麻花高高伸出頭來，搖曳生姿，在空曠的大地，別樹一幟，頗爲神氣。

二、野菊花滿山遍野：此花學名是天人菊，爲澎湖縣花，原產於美國南部，本爲栽培種植，後蔓生成野花，尤其在夏天，到處開放，紅黑相間，嬌艷動人，爲多風沙的澎湖點綴出生之氣息。這也是澎湖又稱「菊島」的來由。

三、防風牆特多：由於風沙大，凡有植物生長的地方均有防風牆，高低不等。

四、鹹雨爲害：因常有海風捲浪、飛沫遍灑之現象，尤以季風期爲甚。植物的幼枝條和葉面受到鹹雨浸淋後，導致毒物質的產生和酵素活力的降低，很易造成植物之死亡。

五、墳墓缺乏管理：我們遊覽車經過之處，可以看到不少墳墓散在各處；而澎湖的觀光事業遠景看好，實在要好好規劃一番才是。

六、澎湖百姓享有現代的生活，卻沒有污染的煩惱，沒有「自力救濟」而有純樸、敦厚的人情味；不到十萬人的澎湖，加起來有四十幾所國中、國小，可見政府對該縣的重視，我們也爲莘莘學子們高興。

七、未來澎湖在發展「無煙囪工業」上大有前途，如設大型遊樂區及開發「林投風景特定區！」等，均可帶來更多的觀光客！

八、島上只有兩家遊覽車公司，十五部遊覽車，實在嫌少，不敷使用，負責觀光單位如能設法增加，以滿足旅客需求，將是一項福音。（下）

（原載七十八、一、二十六《忠勤報》）

圖騰—中西異曲同工

這兩張圖片，照的都是原住民圖騰。（上圖）是攝自臺灣的九族文化村；（下圖）則是拍自美國路易斯安那州紐奧良市的一所公園內。如果仔細瞧瞧，中西原住民雖然人種不同，但樹立的圖騰，卻有異曲同工之妙。如果繼續不斷尋根，也許能找出世界上所有原住民共通的文化呢！我們的世界，眞是有趣！

（原載八十八、三、二十五《國語日報》彩色童年、十四版）

丹麥開會記

安徒生童話中「美人魚」淒艷感人的故事，一直牽動著我的心，而欲拜訪童話王國——哥本哈根的願望，總算在今年的六月八日，隨著中華民國護理學會參加在丹麥首都哥本哈根舉行的第二十二屆國際護理學會大會而實現。

中華民國護理學會爲了參加此次盛會，共派出了一百四十人的代表團，陣容可說空前浩大。這個代表團涵蓋了全臺灣的北中南護理學界菁英，共分成A、B、C三個團，A團是工作及觀摩人員、B團是純開會者、C團則是包含眷屬、開完會後繼續留在北歐旅遊的團。由於人數衆多，也驚動了我國駐丹麥代表處的人員，顧富章大使及所有館員，甚至於連在哥本哈根只有二百多位的僑胞，也都派出代表來接機，場面十分感人。

筆者有幸參加此次大會，實因內子是護理教師，也在會場張貼論文海報，而得以目睹開會盛況。這次會議，是筆者有生以來所見，臺灣各界派赴國外參加國際性學術會議，人數最多，陣容也最堅強的隊伍。護理學會除了派出陽明大學護理學院院長余玉眉教授競選國際護理學會之理事外，並印製了設計精美、內容豐富且具可看性的DM在會場散發，以爲公元二〇〇五年在臺灣舉行的第二十三屆國際護理大會做宣傳。

我們三個團在六月九日抵達哥城後，隨即搭乘遊覽車赴海岸參觀嚮往已久的美人魚公主銅像，這是爲迷戀王子的人魚故事而雕塑。爲了能和人類一般有雙腳行走的自由，美人魚用舌頭換取了雙腳，但因此失去了傾訴愛心的說話能力，王子別有所戀，她欲訴無言，空留無限惆悵，看美人魚坐在浪濤拍打的岩石上，眼神充滿哀怨在憂傷，一副楚楚動人，我見猶憐的狀況，眞令人同情，不覺想到安徒生這隻筆，不知賺取了多少人的眼淚。接著我們去參加卡菲因噴泉，這噴水池因耗水量太大，已經不再噴水，卡菲因是北歐神話中強有力的女神，傳說中，她被授予在一天內耕完所有土地的使命後，便將四個兒子變成四頭公牛，把西蘭島所有土地一夕之間耕好，這個島也就因此落入卡菲因的手中。

六月九日晚上，我駐丹麥代表處，由顧大使夫婦出面，在一處公園內一家叫做「龍」的中國飯店，宴請所有團員，包括使館工作人員、僑胞代表等擠滿了整個餐廳，據稱，這是哥本哈根許多年所罕見，大使館特別安排每桌坐一位僑胞，與大家閒話家常，顧大使幽默風趣的談話，而團員們與僑胞、館員也熱情交談，當場並有唱歌助興，一曲「高山青」，激起全場的迴響，氣氛熱烈溫馨感人，餐廳老板在高興之餘，也爲大家免費多加了幾個菜，並贈送水果，眞是天涯若比鄰，海外存知己呀！

六月十日晚七時，大會在哥本哈根的 FORUM 會議中心舉行開幕式，由於我們有備而來，每個人手上都有一枝小國旗，當叫到 ROC TAIWAN 時，隨著中華民國護理學會理事長及會旗的進場，我國所有團員立刻起立歡呼，並揮舞著國旗，聲音及旗海撼動了整個會場，只見閃光燈及掌聲不斷，使筆者見識到我國護理人員的傑出表現，也以做「護理之友」為榮。

六月十一日，學術研討會及各國護理學會在會場設置的攤位，也正式登場，只見白衣天使們，忙著演講、張貼論文海報及在攤位中替來賓服務，中華民國的攤位最大，且是在會場入口處，飄揚著的國旗十分醒目，丹麥代表處顧大使夫婦帶領全體館員來支援，現場不但有古箏演奏，更有僑界名書畫家黃強先生揮毫送給貴賓，最有意義的是，由護理人員將外賓的姓名翻譯成中文，請黃強先生題在書畫上，頗為別緻，深受大家歡迎，只見我國攤位大排長龍，造成整個會場轟動，可以說替國家做了一次成功的國民外交工作。

以後連續幾天，直到六月十四日，只見每一位護理人員都忙著發表專題演講、張貼論文海報、散發文宣、替余玉眉教授助選、接受來賓詢問、觀摩丹麥辦理此次會議的優缺點等，可謂成果豐碩。

六月十四日下午三點，大會舉行閉幕典禮，我國歡迎各國貴賓參加公元二〇〇五年，在台灣舉行的第二十三屆國際護理學會大會的錄影帶，也在會場播放，內容除介紹我國護理現況、台灣風光外，並有陳總統及台北市長馬英九的致歡迎詞，整部片長大約有十多分鐘，受到在座人員熱烈掌聲。最令人興奮的是，大會傳來消息，余玉眉教授高票當選理事，並被推舉為副理事長，這不但肯定余教授個人對國際護理的貢獻，同時也肯定了台灣所有護理人員的成就。

大會在晚間安排所有與會人員及家屬，前往丹麥有名的提弗利（Tivoli）公園遊玩，這是完全按照安徒生童話故事中所描寫的童話世界而設計，建於一八四三年，佈置富麗堂皇，燈光美倫美奐，裡面有咖啡座、音樂廳、噴水池、表演台、仙女、巫婆、飛車、海盜、美人魚、醜小鴨、夜鶯、遊樂場、自由落體、安徒生及美人魚銅像、羅丹的沉思者等，相當吸引人。已經有二億七千萬遊客參觀過此園，園內以一萬一千零七百一十八個燈泡作爲裝飾，不但擁有自己的交響樂團，而且只有現場表演，不播錄影帶，頗具特色。

結束提弗利公園的參觀行程，丹麥開會活動也告一段落。A團與B團的人，在六月十五日，開始打道回府。而我們C團的八十多人，則搭乘豪華遊輪前往挪威奧斯陸，在離開哥本哈根港口時，顧大使夫婦、代表處人員及僑胞代表，均來送行，僑胞們並拉了上寫「祝賀中華民國護理學會參加丹麥國際大會載譽回國」的紅布條，與大家合影留念，老僑胞們的熱情，叫人永遠難忘。團員們在依依不捨之餘，許多人將手提袋內之泡麵、魷魚絲、餅乾、糖果等分送給他們，看到這種感人場面，我也不覺流下淚來，畢竟，天下沒有不散的筵席，在船鳴聲中，我們揮別了哥本哈根，繼續未完的旅程。

（原載九十、十、一《書香》書友連線、四版）

岩石教室風格別具

在北歐芬蘭的首都赫爾辛基市，有一座建於一九六九年的東正教教堂，叫做「天培利烏基歐」，別名「岩石教堂」。它是以整堆岩石鑿成，將岩石中央挖空，屋頂則用銅覆蓋，好像一個反扣的大炒鍋。天花板上都鑲有玻璃，十分亮麗。

這座教堂的外圍是一圈石疊的矮牆；教堂內的銅頂外圍，是一圈天窗，透入的光芒像縱橫交錯的探照燈，射滿一地。四周粗糙的花崗石牆壁，相當特別。這座教堂是俄羅斯以外，西歐最大的東正教教堂，令人嘆爲觀止。

（原載九十、十二、九《國語日報》生活、三版）

西貝流士公園現代感十足

在北歐芬蘭首都赫爾辛基，有一座著名的西貝流士紀念公園。這是爲了紀念芬蘭的音樂家西貝流士而建的。園內的西貝流士紀念碑（圖一），是由六百支不鏽鋼管組合而成，造形洋溢著濃厚的現代氣息。而西貝流士的肖像（圖二），則放在公園岩石的矮牆上，相當別致。公園內的碧草如茵，是市民休憩的好地方。

（原載九十一、三、十七《國語日報》生活、三版）

圖一

圖二

南丁格爾銅像

在英國倫敦市區的聖湯瑪斯醫院附近，有一座「護士的鼻祖」——南丁格爾的銅像，高立在路旁，讓人景仰。尤其她右手拿著的一個小油燈，本來是夜裡巡視病房用的，但也象徵著她「燃燒自己，照亮別人」之意。南丁格爾本來是英國的女慈善家，後來在克里米亞戰爭時，組看護隊，赴戰地看護傷兵，不但開紅十字會的先河，也成爲國際上家喻戶曉的人物。

凱爾文·史密斯圖書館

美國俄亥俄州克利夫蘭凱斯西儲大學的凱爾文·史密斯圖書館，是一座最現代化的建築。不但藏書豐富，而且擁有電腦工作網站。館內有舒適柔軟的燈光提供閱讀及研究用。在藏書室，有可自動控制的書架，只要按鈕，書架便可移動。如果有人在閱讀或找書時，按鈕便動不了，以保障人身安全。這種移動書架，不但可節省藏書空間，也可節省讀者找書的時間。另外在舒適的沙發旁備有手提電腦工作桌。讀者只要接上桌上插座電源，便可工作或研究了。圖書館充足的資源，加上個人電腦，方便極了，眞是研究者的天堂。

（原載國語日報）

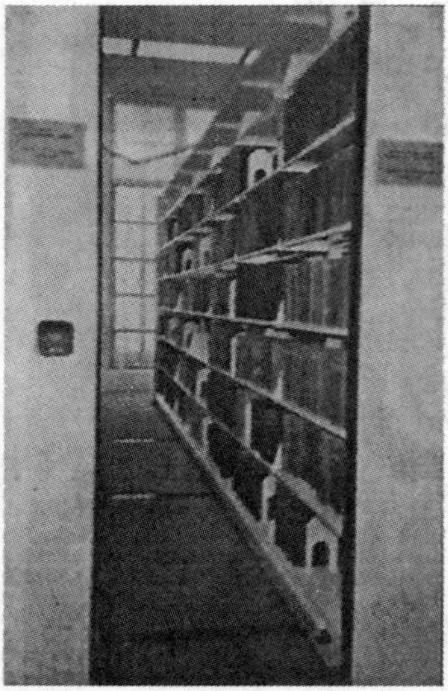

渴望治療

小朋友，這是美國俄亥俄州，克利夫蘭市凱斯西諸大學醫學院前的一座模型。猜看看它是什麼？是桃子？是人體的臀部？或是一顆供觀賞的石頭？如果這樣猜那就錯了。實際上，它是標題爲「渴望治療」的一顆牙齒。這是該大學一九七三年牙醫系畢業的學生，送給該系的紀念品，而被陳列於牙醫系前，啓示牙醫應該以最好的技術，給「渴望治療」的人們。

（原載八十八、六、七《國語日報》）

美國的熱氣球運動比賽

熱氣球比賽，在美國是一項相當風行的運動。今年五月三十日，在美國俄亥俄州克利夫蘭市，就舉行了一次熱氣球大賽，共有二十六隊參加，參觀人潮洶湧，爲比賽帶來了高潮。

熱氣球與氫氣球不同，氫氣球是內充氫氣、氦氣或煤氣，而熱氣球則必須加熱空氣入內，它是用液體丙烷做燃料，產生動力而升空。

一般而言，一個熱氣球的直徑是五十五呎，高有七十呎，大約有七層樓高。熱氣球的氣囊是用一千七百五十立方碼的尼龍布織成。它的氣囊可以容納七萬七千五百五十立方英呎的空氣，重量可達到三公噸。通常一個熱氣球的造價從一萬兩千到兩萬五千美金，這價錢包括氣囊、吊籃、燃料槽及儀器，但不含地面支援設備。

通常熱氣球最高可升到五千英呎高空，一般

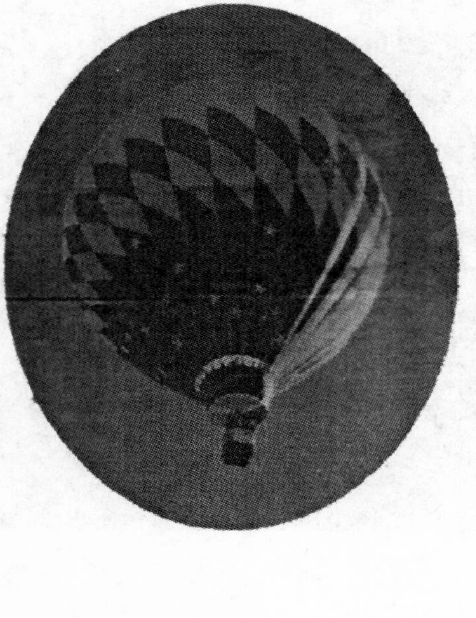

在一千英呎高空中穩定飛行，通常一個熱氣球可載三到四個人左右。

（原載國語日報）

香菇花燈令人愛

美國狄斯耐樂園是令人百玩不厭的地方，無論日夜，都是變化萬千，使人流連忘返。園內經常有煙火、花燈來慶祝各種節日。尤其香菇花燈燈頂上有蝴蝶依附，莖旁並有瓢蟲纏著，實在是一幅美麗動人的畫面。爲了捕捉這個珍貴鏡頭，作者倒是費了一番功夫呢！

（原載八十一、七、三十一《國語日報》彩色世界）

剎那與永恒

剎那間一顆原子彈自空而降，
多少無辜的生命從此灰飛煙滅。
我不願悲劇重演，
緊閉雙眼，
上指蒼天，
平手指地，
願地下靈魂安息，
更願世界有永恒的和平。

註

在日本長崎和平公園內有一座巨大和平紀念銅像是由日本鄉土作家北村西望所創作。地點正是一九四五年八月九日第二顆原子彈落下中心地。

（原載八十三、五、五《中華日報》青春、十版）

抓住青春

在日本大阪市阪急百貨公司樓上鐘表部門展示許多美麗時鐘。一座鐘面的時間是停止的，使我想起英國維多利亞時代的一首順口溜：

時間快回頭，
請你轉向後。
讓我變小孩，
一晚就足夠。

這一晚，我會抓住青春，重溫兒時歡樂。

（原載八十三、五、二十二《中華日報》青春）

長崎豪斯登堡花花世界

在日本長崎的豪斯登堡是一個用花妝扮的城堡，經過人工細心栽培的各種花卉，如鬱金香、風信子等處處可見。

豪斯登堡（HUIS TEN BOSCH），中文翻譯叫森林之家，是荷蘭女王見雅特莉克絲所居住的宮殿，荷蘭語意義是綠意遍佈。日本人在長崎大村灣青山綠水間，以荷蘭爲建設藍圖，蓋了充滿著濃厚荷蘭風情的城堡，筆者利用假期間拜訪了這花花世界，享受了一個難忘的假期。

堡內美麗的鬱金香等花卉的花園，隨風飄香，隨處可見。變調的花朶，在衆多黃色鬱金香花中，一朶花中有一片是紅色，起先以爲是人工染紅，近看是眞的，趕緊拍下，留做紀念。還有以風信子爲主的花園中，粉紅與白色的花展露著風采。

（原載八十三、七、三《台灣新聞報》萬象版）

順路

每個人從小到大不知道要走多少路。唐朝詩人李白的詩句「蜀道難難於上青天，側身西望長咨嗟。」「行路難，行路難，多歧路，今安在。」更道出人生之路多崎嶇。

生命中，我已走過很多曲折不平的路，不但未洩氣，卻愈加勇往直前。

那天，在日本京都平安神社的庭園中，看到這條「順路」，覺得此路標甚為有趣，立刻挺起胸沿著指標前進。

（原載八十三、六、十六《中華日報》青春、十版）

小心破財

為了陪八十四高齡的父親去大陸探親，去年九月一日，依依不捨離開服務二十多年的軍旅，九月十六日即到達了北京。

臨行前，我請教曾去大陸多次的小學老師，許老師告訴我，在穿著上千萬不要太好，而且不要隨便與人換錢。她還告訴我一次親身體驗。

二年前，她住在北京王府井大街上的一個旅館，回旅館時有一個人跑來，告訴她，一百美金換一千塊人民幣，正好身上沒人民幣，不疑有他，拿了一百美金給他，當那個人拿了張人民幣給她時，突然跑出來二、三個人，說「警察來了！」這個人拔腿就跑，老師將手裡人民幣一看，竟然是一塊錢人民幣。

帶著老師的叮嚀，撿了幾件自己認爲最土的衣服，就陪老爸上路。

在北京八天，我們出門，大多乘坐「麵的」，這是外形像麵包的計程車，起步是十元人民幣，超過十公里，每公里跳一元。雖然有親戚陪我們坐，由於我是晚輩，坐在駕駛旁，自認自己穿著很土，結果好多次仍然被繞了遠路。下了車，舅媽一路上埋怨舅舅，說我們被敲了，他都沒有講話。

這些天，先後去了天安門、故宮、頤和園、北海公園、天壇、盧溝橋、長城及十三陵等風景名勝，中間最令人不服的是天壇及長城，分本地及港、澳、台胞二種票價，有的差價達三十倍以上。雖然我穿的都是在台灣最普通的衣服，仍然一眼就被看出是台胞，好「衰」！在十三陵大門停車場，許多小販，賣水果，換錢的（台幣也要），緊釘你不放，小表弟叫我不要搭腔，我們上了車就走，免去了許多麻煩。

在大陸，看到不少台灣去的同胞，穿金戴銀，珠光寶氣，一擲千金，令人有「財大氣粗」

的感覺。

財不露白是我們老祖宗的古訓，放之世界而皆準。尤其去中國大陸，由於二岸貧富差距大，而更得小心了。另外，不貪便宜，可減少不必要的困擾。

（原載八十三、五、二《中國時報》寶島、三十四版）

旅遊安全經驗談

「旅遊」，不僅可以增長見聞，更可舒展身心。但是要「高高興興出門，平平安安回家」，才會是人生樂事。筆者先後赴美國、大陸、澳洲、日本等地旅遊，曾因個人或旅行社的疏忽，發生過一些不愉快的事勤，但總算藉經驗的累積，一次比一次玩得開心。

民國七十八年我參加「美西十二天」觀光團。首站夏威夷的四天三夜行程結束後，正準備出發到舊金山，一大早旅館侍者便以推車將個人較大的旅行箱自房門口送至大廳，沒隔多久與室友一起下樓時，卻發現我的行李並未運送到，就立刻告訴領隊及導遊。在尋找不著，又不能耽誤全團行程的情況下，只得留下姓名、地址及行李特徵、內容物給旅館經理，然後忍痛離開。雖然那件行李內沒有證件及錢財，不影響旅程，但在心裡蒙上陰影，且衣物又十分不充足的情況下，怎能玩得愉快？回國後請旅行社出面向該旅遊詢問及索賠，但旅行社的辦事人員不是打哈哈，就是相應不理，當時工作忙碌，沒有精力繼續追究，只有自認倒霉。而今有了消保法可以保障旅客權益，若有相同狀況，我想應該向消基會投訴，旅行社至少該負追查之責吧！

另一個經驗是發生在去年澳洲之旅。該團成員年齡均超過五十歲，其中還有高齡八十多歲的老先生單獨參加。有一天導遊安排團員參觀布里斯班附近的萬國博覽會舊址（現闢爲公園），爲顧及大家的興趣不同，所以在約好出園時間後，便讓大家各自行動。到了集合時間，年紀最長的老先生卻不見蹤影，眞是急壞了每個人。除了分頭尋找外，有人建議報警或找我國駐該地的經濟辦事處。最後是導遊與其他旅行社的導遊連絡上，才知老先生在迷路後，跟馬來西亞華人旅遊團回旅館了。此後，領隊沿途都安排團員照顧老先生。

依個人經驗，行前要看清楚合約，且參加說明會，從中瞭解本身權益，旅遊地區之特性及注意事項，同時早些認識團員，日後彼此照顧，必會有個「快樂行」。

（原載八十三、十一、四《忠勤報》四版）

學習篇

我讓讀書會起死回生

民國八十五年，我在高雄市立圖書館推廣組所發行的廣告中，發現「知性書香讀書會」在招募會員。由於自己喜歡讀書，再加上對讀書會充滿了好奇，於是便毫不猶豫的報了名。在報名的同時，我也向市圖推廣組的林小姐詢問了一些有關讀書會的事情。她告訴我，是每個月大家共同讀一本書，可以自由發言，共同討論，從不同的角度，不同的觀點，可以使書讀得更徹底，增加自己的智慧。從她簡單的介紹中，已經深深的吸引了我。這與我以前所聽到的「白色恐怖」，完全不同。據說，在「白色恐怖」時期，是有人利用讀書會，搞反政府組織，也有人是在討論讀書，但因政治立場不同，而被引以入罪。這些詭異的說法，使讀書會蒙上了一層陰影。如今，由政府機關主辦，而且公開招募會員，光明正大，我也就堂而皇之的進入她的殿堂了。

當初報名讀書會時，林小姐告訴我：「知性書香讀書會」已經有十年的歷史了，目前有十個小組，各組均有不同的特色。在她瞭解我的基本資料後，將我推介到第七組的「上班族」小組。她並且告訴我，以你的年齡，與同組的人差距不大，應該不會有代溝的問題。由於她的深入誠懇的分析，我也就聽信她的話，加入了第七小組。

第七小組是在每個月第二個禮拜三晚上的七點半聚會，地點是在高雄市中正路上一家女性內衣公司的辦公室。這場所是由小組成員田莉莉小姐無條件提供，由於她是這家公司的經理，在她向總經理報告後，獲得老闆首肯。由於讀書會能帶來書香氣息，總經理還有好幾次參與我們的討論呢！

記得第一次赴小組開會時，小組長與組員約五、六位在場歡迎我及另外一位新加入的成員。他們當天所讀的書爲「少年小樹之歌」，這本描述原住民山居生活的故事，讓我十分喜歡。但讓最感遺憾的是討論不夠深入。不知是不是大家都是上班族，太忙碌了？沒有時間讀書？還是其它原因，總之，在我加入後，才知小組長夫婦均是從事保險業的，常常因與要與客戶談生，而無法每次都能參加聚會，令人有力不從心之感。由於小組長是全組的重心，雖然每次開會是由組員輪流做主席，但小組長不在便缺席了動力。因此會員不交心得是常有的事，而每個月開會的會議紀錄，雖然做了，但也沒有送去市圖。在參加過二、三次聚會後，我發覺參加的人愈來愈少，當初與我一起加入的新成員也不來了，雖然組長夫婦抽空還帶孩子及母親來，但仍然挽回不了這股低潮。由於我對讀書會期待很高，也曾向小組長做過各項建議，但在他於八十七年六月，任期屆滿前，向全組成員推薦了我擔任小組長，在大家無異議的狀況下，於八十七年七月一日，正式上任。由於我對讀書會有一番企圖心，希望大家能在每次聚會時，都有收穫，眞正達到「獨樂樂不如衆樂樂」的目的，我不但全心投入，並做了幾項改革，也得到全體組員的支持，我的做法如下：

一、成立連絡組：

我們小組成員最多的時候達到二十位左右，我把它分爲五個分組，每分組設一個小組長，負責連絡催繳心得報告及提醒開會事宜。我們這個小組也選了一位副小組長，這位副小組長，也是一位有潛力的熱心組員，更是我理想中的接任人選，平時由她協助我連絡組員。

在成立連絡組後，雖然每次能來開會的組員只有十人左右，但忘記的人及不讀書而來的人少了，出席率高，士氣自然也高了起來。

二、心得當場繳：

以往讀書會的心得，都是輪流做紀錄的人，在會後才收繳送到市圖推廣組。但開完會，回到家後，大部份的人，因家事及工作忙碌，也就忘了。再加上大家住的地方又各自西東，收起來十分困難。因此，我們欠市圖的會議紀錄，常有好幾個月呢！在我的建議，及各分組長的協助下，每次開會的讀書心得，由於每位組員均是提前寫好，或開會那天在當場寫。因此，所有紀錄，當天便可以收齊，並在第二天可將心得及紀錄送去市圖，從此也未耽誤過。

三、增加讀書會氣氛：

我們讀書會，因有田莉莉小姐提供固定場地，由於大家熱情參與，在每次開會前，她都播放輕音樂，使大家一進入會場，便感覺溫馨無比，而在桌上也放置了一些精緻的點心，並配有蜜花茶，令人有茶香、書香，暖暖在心頭的感覺。

四、捐稿費做基金：

由於參加我們讀書會是不用繳任何費用的，而開會必須有許多支出，爲了成立基金，我首先將自己投稿的稿費捐出來。我也鼓勵成員向高市圖推廣組發行的「書香季刊」投稿，一則可以滿足發表慾望，二則可以賺取稿費。結果由於大家的努力，小組成員的作品，幾乎佔滿「書香篇幅」，爲小組爭取了莫大的榮譽。如今，小組基金也累積了四千多元呢！

五、觀　摩：

小組要成長，絕對不可劃地自封。因此，我不但自己赴市圖其它小組觀摩學習，也派組員出去，以看得更多，學得更多。筆者甚至兩次前往台南，參加城鄉基金會主辦的讀書會觀摩會，可說是滿載而歸。我並將觀摩心得，在小組會中與大家分享，以增加大家的閱歷。

六、成長：

爲了提升組員對讀書會的興趣，我鼓勵組員參加市圖、國家圖書館、文化中心、中華民國讀書會發展協會等團體所主辦的「讀書會種子暨領導人培訓」、「讀書會輔導人訓練」等活動，不但自己可以成長，小組長的接替人選也不虞匱乏。

七、財務及出納由專人負責：

自小組有基金後，我們選出具有財務專長的黃淑惠小姐負責，她不但每月公佈帳目，而且也用電腦打字，寄發每個月的開會通知單。由於信函及電話的雙向通知，小組開會出席也十分踴躍。

八、讀書會方式與選書：

我們讀書會方式，採一個月共讀及一個月自讀方式。共讀的書，是由大家提議，再經票選，不限任何主題，只要有興趣，都可提出。這種民主方式，是表現了大家彼此尊重，常常有人第一眼不喜歡的書，在接觸後，感覺完全改觀。這與讀「人」，又有何異？而自讀的書，更是海闊天空，有人拿出舊書，甚至童書來與人家分享，照樣得到許多掌聲。兩年來，我們共讀的書有：讓高牆倒下吧、少年小樹之歌、兩個女人、給我換顆心、潛水鐘與蝴蝶、夏日走過山間、牧羊少年奇幻之旅、初雪、我坐在琵桌河畔哭泣、觀念、爲自己出征、總裁獅子心等，可說無所不包，無所不看，讓我們開闊了心胸。

九、輪流做主席及紀錄：

爲了培養每位組員的領導及組織能力，經決議由大家輪流做主席及紀錄。做主席的人，不但要控制會場氣氛，更要控制每人發言時間，以免流於形式或變成聊天場所，失去讀書會的意義，而輪做主席的人，也負責攜帶點心及飲料，甚至有人自己親手做，更增加了有若一家人的感覺。

十、聯　誼：

每個月固定讀書之外，我們也有聯誼活動。除了每年在圖書館有定期的書香聯誼活動外，我們小組在單身會員結婚時，也會全組組員同前往祝賀，並在每年春節過後一起喝春酒，甚至討論一部電影，增加了凝聚力。

十一、分　享：

小組成員除了在小組內與大家分享讀書心的外，也前往警廣高雄台「我來讀册給你聽」節目，將心得與聽衆分享，也博得不少好評。另外，爲了關懷社會上被人們所忽視的團體。我也響應了法務部的「心靈改造運動」，進入高雄大寮監獄，帶領收容人讀書，希望將「書香穿越高牆」，發揮心靈改造的功效。

十二、典　藏：

我爲了使每位成員有向心力及成就感，製作了一本剪貼簿及相簿。將每一個人在報紙上刊登的稿件，剪貼了下來，如今已有厚厚一册。而平日參加讀書會所拍的照片，也匯集成一本，每一個人都因爲自己的心血及笑容典藏在紀錄之中，加深了參與及認同感，這是我始料不及的。

十三、小組更名：

五年來，我們小組一直使用高市圖知性書香會第七小組的名稱。但在書香會增加爲十五個小組後，要求我們自行取一個暖性的名稱。經過大家熱烈討論，決定使用「童言無忌」的名字。因爲我們組員徐小姐每次來開會，便帶著牙牙學語的兒子來，而他也天眞無邪的發言，令人有「童言無忌」的樂趣，這個名字出爐後，曾經引起我們整個知性書香會的轟動呢！

十四、聚會場所更換：

原來固定在中正路田莉莉小姐的辦公室場所，因產權轉移，無法續借了，正在焦慮之時，熱心的徐金東小姐，在徵得公司同意後，准許我們讀書會使用她們位於莕雅區輔仁路的辦公室，使我們讀書會不致流離失所，實在很感謝她們兩位呢！

在我帶領「童言無忌」讀書會後，兩年來在全體組員的熱情參與下，可說到達了高潮，讀書會的聚會日，成了大家期待的日子。我將讀書會起死回生，並不是我一個人的功勞，而是小組成員每一個人的努力，讓我由衷的感激。如今，我已做滿任期，卸下小組長的職務，傳承給副組長陳美惠小姐，由於她已熟悉讀書會之運作，且具有創新的思考，相信在她的帶領下，小組能更加茁壯，我也祝福童言無忌。

本文榮獲文建會中部辦公室及桃園縣文化中心讀書會徵文優選

（原載八十九、十二、一《書香》書友連線、四版）

讀「書」不「輸」，讀書香滿寶島

第十五期樂透彩的頭獎，竟然落在台北市一家叫做「XX書店」的小說漫畫租書店。這個大獎不但爲「書中自有黃金屋」做了見證，也能破除「見書就輸」的迷信。台灣人的識字率，雖然高達百分之九十多，但除了升學、就業或爲工作必須讀書者外，其他喜歡讀書的人就不多了。這種現像也說明了台灣功利主義一直高燒不退的原因，尤其自樂透彩上市以來，更變成「全民運動」，人人都在做發財夢，爲達到目的，有人甚至以不碰「書」爲第一原則。如此，沒有了氣質，只見滿身銅臭味，又如何提升我們的生活品味？尤其，國人一向迷信「書」就是「輸」，因此，不管是打麻將也好、買樂透彩也好，或是參加各種比賽，都忌諱談到「書」，以避免觸霉頭。這對「書」來說，也太不公平了。筆者參加過不少讀書會，發覺許多人常常虎頭蛇尾，也有人「三天打漁，兩天晒網」，能堅持下去的並不多，而有興趣加入的，也鳳毛麟角，想讓書香滿寶島，還眞不容易呢！

現在樂透彩的頭獎，竟然落在「書」店，上天擺明了要大家一起來讀書，也要台灣人有些氣質，這也是推動讀書會的最好時機，盼望文建會及教育部，趕緊加油，爲我們建立一個書香社會。

（原載九十一、四、一《書香》焦點訊息、一版）

共享閱讀樂趣　拉近親子距離

教育部長曾志朗在「親一夏，閱讀饗宴遨遊閱讀世界」學習活動中，告訴小朋友，夏天最好的活動就是閱讀，也鼓勵小朋友將所見所聞說給父母聽。

對於曾部長的談話，筆者十分贊成，而且可從兩方面來解讀。他說，夏天最好的活動是閱讀，是毫無疑問的，因爲夏天有漫長的兩個月暑假，學童們除了運動外，可以到有冷氣的圖書館，靜心的去閱讀。遨遊書海，探索無窮的知識寶藏，那種樂趣，如人飲水，冷暖自知。其次，在閱讀中，一定有不少聞所未聞，見所未見的事，如果回家能說給父母或家人聽，一定會得到更多的回饋，甚至使親子關係更加成長。

筆者從未忘記孩子在幼小時，聆聽我講故事的神情，甚至聽得不想睡覺，也曾聽孩子將有趣的事告訴我及他們的媽媽，在那一時刻，我感覺孩子與我們之間沒有距離，心好像同在一起，親子關係好極了。只有在這種良好互動中，家庭生活才是幸福美滿。

（原載九十、八、二十一《國語日報》教育廣場、十三版）

培養興趣從讀書會開始

第一位華人諾貝爾文學獎得主高行健，日昨在演講「與青年學子談讀書」時指出，閱讀的領域沒有年齡限制。他這句話解決了許多年長，又久未拿起書本的人的疑慮。其實讀書是一種樂趣，就像高行健所說，從培養讀書興趣開始，只要養成興趣，在閱讀這個領域裡，路會無限寬廣。

在筆者參與的讀書會中，許多人將讀書心得與別人分享，常常會得到意外的回響。而讀書會更有一股推動每個人讀書的動力，在不知不覺中，累積了許多人生智慧及生命的能量，使自己受益無窮。

（原載九十、十、五《國語日報》教育廣場「大家談教育」、十三版）

學而無悔

內子以四十六歲之年，將在今年暑假踏上赴美求學之途。雖然我有些不捨，而且她所服務過二十年的學校，所給她的待遇是「停職停薪」。但她毅然的走向認爲是正確之路，雖然年資將斷，未來也還有得拼。

在二十五年的教學生涯中，前五年在台北T大任教，嫁給我後，轉來南部。中間T大設立研究所後，回台北成爲第一屆研究生，念了二年，拿到碩士。遺憾的是，國內幾乎所有學系都有博士班，只有護理沒有。爲了能使自己更有學習機會，希望能給學生一些新知識、新觀念，在筆者退休及孩子漸漸長大後，決定前往美國充電。

前些日子，赴美國在台協會簽證時，美國官員問她：「這麼大年紀，還要去讀書？」她的回答只有一句話：「去學習一些新知識。」那位官員聽後告訴她，下禮拜來拿簽證。

她沒有獎學金，而且學校又「停職停薪」，一切自費。我告訴內人：「沒關係，我們還有積蓄及退休金，夠你及孩子學費，我們苦一些，一定會撐過去的。」

國內像內人一樣的老師並不少，她（他）們都無怨無悔的走上終身學習之路。古人說：「學海無涯」，相信這對學生也是一種啓發。

（原載八十四、七、二十七《中央日報》成人教育）

網路生活多采多姿

每天早上一起床，我一定會打開電腦上網，先檢查電子信箱，看到來自遠方的問候，心情眞是如天涯若比鄰般的開心。進入「e時代」後，所有訊息的傳輸都比郵差送信要快速太多了，這都是拜科技所賜！

看完電子信箱，我便轉向電子報，將當天國內外消息瀏覽一番，以掌握一天的重大新聞，眞有「秀才不出門，能知天下事」的快樂。

其實現代人生活已經與網路結下了不解之緣，像我們要出門旅遊，買機票及找旅行社，都從網路上去「搜尋」。日前，我與內子赴美國首都華盛頓自助旅遊，不管是訂旅館或觀光景點，都是從網路上獲得，玩得十分愉快。每當朋友問我們爲什麼玩得這麼自由自在，我都很驕傲地告訴他們：「利用網路的資訊，加上自己分析判斷，就不會上當吃虧。」

我也喜歡終身學習，我不但加入了亞卓市成爲市民，而且也經常參加亞卓市學校的學習課程，從終身學習中，得到許多寶貴知識，眞是樂趣無窮！

我也喜歡讀書，也常常進入全世界最大的亞馬遜網路書店猛逛，它裡面什麼書都有，眞讓我大開眼界呢！

我不喜歡「網路一夜情」，也不喜歡「教你如何自殺」的網站，這些都是不正常的人生態度。在各種主題網站如火如荼地設立之際，希望有關單位，對那些不健康的網站能加強取締，使每個人看到的網路都南既有趣且有意義，人生才會多采多姿，而更加豐富。

（原載八十九、九、卅《成人教育簡訊》網路生活、三版）

縱橫網路氣自華

自比爾蓋茲創造了「WINDOW95」後，完全改變了人類閱讀及思考模式，使我們打開網路便能閱讀全世界，不用去圖書館，便能找到所需的資料，網路資訊無所不包，從藝術文化、視聽娛樂、教育學習、生活資訊、商業金融、運動體育、醫療保健、科學科技、大衆媒體、社會人文、政治行政、圖書出版、網路指南、休閒天地、作家個人網頁等，眞是洋洋大觀，令人目不暇給。由於網路資訊內容實在太豐富及多元，甚至也有貽害青少年身心的色情網站出現，家長及老師應該要小心的爲青少年把關，而網咖店老闆更應有社會道德良心與責任，讓青少年在網咖得到正確的知識及遊戲，以遠離色情及避免受到援交的傷害。

通常上網，我一定先從網路指南著手，查詢我所要的資訊，眞是得心應手。從網路指南上，我找到各家電子報的網址，每天起床梳洗後第一件事，便是收看朋友來的 e-mail 及回信，接著看聯合報新聞網及時中時電子報，以瞭解一天大事，同時也看看自己文章是否登了出來。眞正應驗了「秀才不出門，能知天下事」，看完後，整天都會有一種滿足感。

在網路上，我也從亞馬遜河書店中，瞭解世界圖書出版情形，何種書在何處買，十分方便。我也從網路上作家個人網頁中，與心儀的作家談天，從他們身上學習到更多的東西。我在亞卓市的學校中，發覺書海眞是浩瀚，只要有一天不學習，便有落伍之感。尤其對我做一個文字工作者而言，只有不斷學習，縱橫網路之中，必能提昇自己水準而「氣自華」。

（原載九十一、四、一《書香》焦點訊息、一版）

開放的人生

雖然這是一本二十多年前的舊書，但在不景氣、失業率又居高不下的年代，重新翻閱它，卻依然能鼓舞人心，書中字字珠璣，讓人回味無窮。像現在不少人因失業而過著苦日子，有的生活潦倒、夫妻失和、有的想不開去自殺、更誇張的是父或母親，帶著子女一起去自殺，眞令人不勝唏噓。作者在「苦」文中便提到：人是注定要受「苦」的。你看，人人臉上寫著一個「苦」字；左右眉毛像草字頭，左右顴骨像一個十字，底下一張嘴是一個口字。既然生下來就要受「苦」，那何不發揮「刻苦耐勞」的精神，奮鬥不懈？「苦」能使人頭腦清醒、意志堅強、精神抖擻、身體健康，自古許多聖賢豪傑都是苦出來的，現在的苦難正是我們磨練的機會，想開了，一切都會霧散雲開。書中還有其他啓示的篇章，每篇都以一個故事來說一個道理，看不見八股，平易近人，即使鑽牛角尖的人，也能豁然開朗。像「開放」、「遺珠」、「信心的力量」、「路」、「思而後行」、「轉捩點」等等，都是讓人愛不釋手的好文章。

（原載九十一、四、一《書香》好書分享、二版）

運用三合一做好管理

「EQ」是由美國丹尼爾·高曼所提出有別於傳統智力(IQ)的新觀念。其內容涵蓋了自制力、熱忱、毅力、同理心和自我驅策力等。一個高EQ的人較能妥善地管理自己的情緒,又不致成爲情緒的奴隸,是個理性與感性兼容並蓄,相互調和的成熟個體。

其實EQ觀念很早就存在於心理學中,早期對事業成就的研究比較強調IQ,而忽略了EQ的重要性。事實上在學校成績優秀的學生,在社會上不一定最成功。顯然EQ有相當大的作用。書中最有趣的例子,是二顆糖的實驗:

一群四歲小孩被要求等保母回來,如果不把桌上的糖吃掉,就可得到另一顆糖的獎賞。當然,有些小孩吃掉眼前的糖,有些則耐心等待而得獎。十幾年後,那些小時候比較能抗拒衝動的小孩,在青年期表現得比較有自信,社會適應與人際關係較好,也能面對挫折與壓力。這種能克制衝動以達某種目標的能力就是一種情緒控制能力。

除了克制衝動外,EQ尙包括其他能力,像一、認識自己情緒,二、妥善管理情緒,三、自我激勵,四、認知他人的情緒,五、人際關係的管理等。

總而言之,EQ的高度開發確實有助於人類的整體發展。

因此，讀完本書後，使我心中豁然開朗，尤其自己從事的是管理工作，而學到用「心」去管理，運用情感、人格與道德三合一關係去面對長官、部屬、同事，結果成效不錯。也眞正體驗到，要工作順利、生活愉快、情緒平穩，必須做到下列三點：

一、接受自己：人只有接受自己、欣賞自己，才會活得輕鬆。

二、接受別人：人是群體社會，欣賞別人優點，才會活得自在。

三、接受環境：當我們沒有能力改造環境時，便應適應、接受環境。

凡事退一步想，必能海闊天空。

（原載八十六、三、二十四《青年日報》五版）

EQ讀書心得有獎徵文佳作

解決了許多難題

喜歡讀書及推動讀書會的我，對於「好書大家讀」活動，這十年來選了二千本的好書，不但感激，更是快樂無窮。因爲這些好書解決了我許多難題：一、要送書給親朋好友或晚輩時，根據《好書指南》，立刻便有適合不同族群閱讀的書可以買。

二、在讀書會選書時，便以這些書做爲藍本，在我每次提出書單，供大家投票選擇時，都是全票通過。

三、我擔任志工所服務的單位，是圖書室，在承辦人要我推薦新書時，便毫不猶豫將好書推薦了出去。

四、有些朋友的小孩，得獎拿到圖書禮券，問我：「叔叔，買什麼書比較好？」我立刻推薦了適合青少年的好書書單給他們。

好書要與好朋友分享，我看到他們因我的推薦，讀書時，臉上泛著光彩，嘴上泛出笑容，充分了解獨樂樂不如衆樂樂的心情。

（原載九十、五、二十《民生報》少年兒童、A六版）

「菅」芒花的問題

女藝人白冰冰為自己唱的一首歌曲叫「菅芒花的春天」。筆者親耳聽到有些人把菅（ㄐㄧㄢ）念成管（ㄍㄨㄢˇ），是不正確的，有分辨的必要。

據國語日報辭典解釋：『菅：㈠草名，葉細長而尖，根又硬又短，可以做炊帚。㈡「草菅」比喻輕賤。』

而「管」則是用竹子做成的樂器，也是中空的圓柱形的東西，像血管及自來水管等。

「菅」與「管」的最大不同點，除了讀音不一樣，字形也不同。「菅」是草字頭，而「管」是竹字頭。

白冰冰有本著作叫做《菅芒花的春天》，敘述她坎坷的身世及奮鬥的經過，相當令人欽佩。但「菅芒」又是什麼呢？

菅芒的學名叫五節芒，遍布在臺灣全省的高山、平野及水畔。它葉緣有矽質突起，會割人手。這種「雜草」，平日並不起眼，只有在秋風吹起，白色的花絮為大地裹上一層秋意時，才會喚起人們心底記憶。

菅芒花的美，美在它有生命力，它的平凡，它的堅強，對我們都是很好的啓示。

（原載八十六、七、三《國語日報》教育報）

通信手則不愼一例

一位國內知名的國大代表，已受提名參加立委選舉。他在國大開會期間，特別自陽明山寄出一些明信片，尋求支持。明信片正面蓋有陽明山中山樓的郵戳，背面則是他親自用毛筆書寫後複製的信。毛筆字渾厚有力，然而正面給收信人所用的是「某某某君勛啓」，卻減低了這封信的價值。

一般而言，「啓」是開或打開的意思，如果用在明信片上就不妥當了。如用「某某某君親收」，效果又不同了。我不知道他是一時筆誤或不小心，但是十分令人遺憾。

【編者附帶意見】信件上對收件人稱「君」，照向來寫信禮貌的觀點來看，也是很不妥當的。「君」這個稱呼在日語裡喜歡用，但在我們中國語言文字用「君」，只能稱呼關係相當疏遠或者地位較低的人。這個「君」的稱呼，現在卻濫用在一般公文函件或商務信件上，不知此「風」由何而起。曾有很有聲望的長者，擔任某人民團體的理事長，由主管機關評選受獎；受獎當然高興，可是打開一看稱呼是「某君」，這個奇怪的「君」很不給人「面子」，把事情弄得眞是令人啼笑皆非！

爲什麼不大大方方正正當當的用「先生」作一般稱呼呢？無論男士、女士、名士、雅士、長者等等，用「先生」稱呼都行，沒有毛病，怎麼偏去用個不妥當的「君」字呢？

（原載八十四、十一、九《國語日報教育》十三版）

「守則」不可錯成「手則」

八月二十七日某電視臺播報新聞，記者訪問土木工程專家，談購買建築在山坡地的房屋，必須注意的幾項「守」則，所打出的字幕卻是「手」則。

查一查辭典：守（ㄕㄡˇ），有遵行的意思，如守時，守法等。而手（ㄕㄡˇ），有親自做的意思，如手書、手札、手示、手摺等；也有從手的動作想起的意思，如入手、出手、下手等。則（ㄗㄜˊ），有規章、法度、模範、榜樣的意思。因之有規則、法則、守則、準則、以身作則等詞，沒有「手則」這個說法。

（原載八十六、十、八《國語日報》）

我的第二個家——圖書館

自退休後，便與圖書館結下不解緣。每天悠游於浩瀚的書海中，一書一世界，一頁一天地。能在有限的生命中，窮究無限的時空，與古往今來名人於書中會晤，那分樂趣，實非筆墨所可形容。

每到一個新圖書館，我一定會拿著簡介並參加「圖書館之旅」活動，瞭解「她」的特色及藏書，接著再辦借書證。

有人說，會利用圖書館的人，不但可以將全年繳交的所得稅全部拿回來，說不定還有得賺呢！因爲圖書館是知識的寶庫，更是學術的銀行，此話一點也不假。這一年，我不但獲得國軍第二十九屆文藝金像獎音樂作詞類金像獎，也獲得三十屆報導文學佳作。也得到八十二年度高雄市國語文競賽社會組作文第二名。上述成績都是在圖書館內讀書、聽演講、寫作所得來的。「她」已成爲我的第二個家。

由認識而瞭解，由瞭解而運用，因運用而愛護。曾有一次在圖書館內看人切割雜誌，被我喝止。因爲在這座如璀璨滾動的水晶球裡，我想起莎士比亞的話：「生活裡沒有書籍，就好像沒有陽光，智慧裡沒有書籍，就好像鳥兒沒有翅膀。」他怎麼能擋住別人陽光，折斷鳥兒翅膀呢？

（原載八十四、一、十二《中央日報》專刊、二十版）

我參加了「四書」研習班

退休後，每天往圖書館跑，有一天在高雄市立圖書館三民分館突然發現「高雄市四書研書班第二十九期招生簡章」，宗旨是「加強倫理建設，研習中國文化，導入現代生活，提昇精神修養」，激發我加緊研究中國文化，盼能減少社會亂象，盡一分心力。

三月三日正式開學，來自高雄市各方的同學四十多位齊聚一堂，每禮拜四晚上在高雄市立社教館，由高師大國文系教授方俊吉老師帶領，大家一頭鑽進「四書」中。

最令我感動的是，有不少老先生、老太太，不論刮風下雨都到，而且還帶著書包、錄音機及孫兒用過的鉛筆盒來，用心聽講作筆記，下課還勤問問題。有一位八十多歲的老先生對老師說：「我們是抱著上教堂的心情來讀書的。」這種學習態度使我不敢有一絲一毫鬆懈。

我們這一期的重點是「中庸」。中庸共有三千五百四十五個字，分三十三章，第一章重「心」，第二到十一章爲子思引孔子的話來闡釋，十三到二十章是引述，二十一到三十二章談天道、人道問題，三十三章則是歸納結論。短短數千字，卻道盡許多人生哲理。

中庸的十六字心經「人心惟危，道心惟微，惟精惟一，允執厥中」，使我思之再三，受用無窮。

能有機會研讀四書，感到身爲高雄市民的福氣。誠如方教授所說：「希望大家告訴大家，多帶朋友來聽。」盼人人都肯研習四書，社會的打殺風氣必會減少，名利自會淡泊，充滿安祥和諧的氣氛。

（原載八十三、七、十四《中央日報》成人教育）

「攝」取新知「影」響人生

家裡櫃子中堆集了多得數不清的照片，但眞正可取的卻又沒有幾張。因此，今年九月，高雄市民學苑辦理高師大攝影社招生，我鼓起勇氣報了名。

我們班上十幾位同學，大家都是抱著好奇及探索的心理，有人爲了想替小孩留下美麗的回憶，有烹飪老師，想叫食譜更能使人食指大動、也有人想去國外旅遊時獵取難忘的鏡頭等不一而足。雖然動機不同，但目的卻一致：因爲：「照一張好照片，抵得過千言萬語」，甚至會使我們得意一輩子。

在高師大視聽中心主任尙永格先生的熱心教學下，我們開始初窺攝影之堂奧，從認識攝影、相機、光圈、快門、曝光、鏡頭、景深、閃光燈、軟片到暗房實作、黑白負片沖洗、實物構圖、放大等，二個多月來，可眞使我們感到：「別小看攝影，這門學問大得很呢？」

這段時間，在高雄市中正文化中心及左營蓮池潭外拍過三次，經過老師指導後，大家突然發覺「透過攝影機我們看到了另一個世界，擴大了我們的視野，打破了我們在學習上所受時空限制。」

照完的黑白底片，自己進暗房沖洗，在黑暗中我們摸索，也互相幫忙，洗出來的底片，有人是一片空白，也有人只有幾張，當然也有洗出三十七、八張的，半天在哈哈大笑中度過。當在暗房中將底片放大時，逗趣的是，洗出來都是一片漆黑，曝光過度。在相互觀摩後，關了燈，再去對焦、曝光、顯影、定影後，有人洗出來的棒極了，引得大家同聲驚叫。

從參加攝影課後，使我深深體會「對事物的認識，如果是表面的，則思想就不會深刻」，更了解「新知如排山倒海的來，除了愚蠢沒有阻擋。」

成人學習，沒有壓力，也就是：只要我喜歡，什麼都可以。

（原載八十三、十二、十五《中央日報》成人教育版）

畢業的喜悅

民國六十七年三月十七日，是令我這一生最難忘的一天。那是我從美國維吉利亞州李堡陸軍後勤管理中心國防存量管理班畢業的日子。自小到大，畢業典禮參加了無數次，這次卻令我十分懷念。

我是當年的二月七日以陸軍少校身分赴美接受爲期五週的短期訓練。這是我第一次出國，時間雖然短，收穫特別多，而且也十分愉快。我們同班數十位同學，只有四位外國人，包括有一位韓國少校及二位印尼上尉，我們四人相處十分融洽。

爲什麼此次畢業典禮是如此喜悅？容我道來：首先，在未舉行典禮前，我發覺典禮台上所擺國旗順序是美國（A）、印尼（I）、韓國（K）及台灣（T），馬上提出異議，那位韓國同學也立即站起來爲我幫腔，校長要我自己上台去換，我將我國旗擺在第二位，其順序變爲美國（A）、中華民國（R・O・C）、印尼（I）、南韓（K），全場同學立即爲我鼓掌。其次，各位在照片中看我自詹姆士校長手中接到的畢業證書封套上有一劃掉的黑色槓，那是將「台灣」塗掉，而改爲中華民國。所以當我上台去領證書，站在自己國家的國旗前是十分榮耀的。回國後，我還將這件事寫成一篇短文，名爲「難忘的一刻」，發表於六十九年十二月三日的中央日報副刊上呢！

這幀照片對我彌足珍貴，在我人生歷史上留下不可磨滅的一頁。

附記：美國陸軍後勤管理中心（U.S.ARMY LOGISTICS MANAGEMENT CENTER）曾訓練過我國國軍不少後勤管理人才。現任台灣省主席宋楚瑜先生令尊宋達中將曾去過該校，致贈該校的紀念牌還保存在那兒呢！

（原載八十二、六、十九《青年日報副刊》）

影響我最深的一本書「風雨中的寧靜」

有本書始終放在我書架上最顯眼的位置，幾乎每天都要拿下來讀一讀，它一直影響著我的言行，那就是蔣總統經國先生所著的「風雨中的寧靜」。

我喜歡經國先生在扉頁中所解釋的「寧靜」，他提到二個畫家相約各繪一幅表露「寧靜」的畫，一幅畫的是風靜浪平，湖面如鏡；另一幅則是一隻知更鳥睡在大瀑布旁小灌木頂端分枝上的鳥巢中。經國先生告訴我們：前者是停滯，後者才是寧靜。這份寧靜，在未經過患難與危險，或是欠缺信心的人，是不容易悟得出來的。

猶記得民國六十年，那時我在金門化學兵連擔任副連長職務，有一天赴小金門督導補保業務，當晚班長將他的床舖讓給我睡，不少弟兄告訴我：「這兒中共砲宣彈很多喲！」我當時想，班長可以天天睡在這兒，他不怕，我怕什麼？一夜平平安安過去，第二天一早小兵恭喜我大難不死，原來那晚有一顆未爆的宣傳彈落在臥室前二公尺左右。此時，我才眞正體會經國先生所說「寧靜」的眞意。

在年輕時，我好強氣盛，也有些傲氣。尤其還是上尉軍官，就得到軍人的最高榮譽—國軍英雄，自以爲「功成名就」而得意洋洋，更沒有想到這是大家的功勞。炫耀的結果，我失去許多朋友，工作不再順利，失敗也就接踵而來。在一個心灰意冷的夜晚，我質問自己該怎麼辦時，我又拿下「風雨中的寧靜」來讀，書中「在每一分鐘的時光中」一文裡，有一段話：「不論是成功，不論是失敗；成功與失敗，都要加以冷靜的看待。」捫心自問，自己眞是被「功利」沖昏了頭，急躁而只想成功，何曾冷靜思考過？難保不迷失了方向。從此，我隨時帶著這本書，讓它做當頭棒，做我言行指引之明燈。

過去三十年，這本書曾經是帶給台灣社會重大影響的三十本書之一，是具有知識性、情感性與價值性的好書，絕對值得一讀再讀。

（原載八十四、八、二十七《青年日報副刊》十五版）

兪大維傳

我最喜愛的一本書是李正平著的「兪大維傳」。兪大維先生一直是我尊敬的人物，這本書有二件事對我有很大啓示，一是他說：「書，除了要看得多，也要看得透，看書要超越書來看，才能有迥異於常人的看法。唯有超以象外，才能得其環中。」這是我所缺乏的，也値得我深思。二是人稱兪爲「兵工之父」。他做到兵工署長，仍然親自測試所有輕兵器，研發精神，使我這兵工晚輩自嘆弗如，他是我心目中的「一代完人」。

（原載「聯合報」讀書人版）

長青生涯一本書徵文佳作

列為模範生選拔條件

學生參加各項競賽得獎，本是一項榮譽，也顯示學生該項學科的能力。奧賽或中小學科展的立意甚佳，可以發掘孩子興趣及創意，激勵學生的智慧，讓他們在師長的指導下，找到自己未來的學習方向。

因此，筆者覺得不必因爲此次奧林匹亞競賽弊案，而取消所有奧賽或中小學科展，應改變獎勵方式，得獎學生不必作爲升學保送或優惠條件，而改由最高教育單位，教育部分發獎狀，或列爲學校選拔模範學生、優秀青年的候選條件之一。這種獎勵也是相當崇高的。相信同樣可以激發學生全力以赴，值得教育當局思考。

（原載九十一、四、九《國語日報》大家談教育、十三版）

好言一句三冬暖

日前國立大學院校協會理監事會通過「提倡口德運動」的提案，筆者舉雙手贊成。事實上，罵人而不留口德，甚至揭人瘡疤，這種逞一時口舌之快，造成的後遺症，就像坊間一句格言所說：「刀傷易痊，舌傷難癒」，不但會加深彼此間的鴻溝，更會教壞孩子，增加許多社會成本。看看選舉後，朝野的恩怨至今仍未化解，選前口不擇言的謾罵所造成的舌傷就是始作俑者。因此「提倡口德運動」，是當今社會刻不容緩的課題。

西哲都羅里斯曾說過：「語言是教育文化的標尺。」喜歡看人笑話及批評別人的人多，而說人好話的人少，所謂「好言一句三冬暖」，捨不得說一句好話，只是徒然拉長了人與人之間的距離，如何能提升我們文化及生活品質？

企盼領導者能力行「口德運動」，政府及社會各階層的領導人都能帶頭示範，多留口德，多說好話，在這二〇〇二年的伊始，可以有一個嶄新的氣象。

（原載九十一、二、三《人間福報》讀者論壇與投書、十一版）

收起說教面孔師生相處更融洽

教育部長曾志朗在得知學生認爲在生涯規劃中，最有影響力的人，師長只排在第三位，而不如朋友及同學，因此特別呼籲全國教師要注意這項訊息，加強建立與學生亦師亦友的關係。

筆者覺得曾部長是語重心長，値得教師們深思。如果追根究底，也許有些教師喜歡擺出說教的面孔，使學生不敢親近，只有找朋友及同學去傾訴心中的話，並聽取他們的建言，而減低教師的影響力。

筆者覺得，教師們除了身教、言教外，如果能「放下身段」，與學生做朋友，聽他們的眞心話，這樣彼此間的距離便會拉近，像一起參加活動培養感情，使學生有了信心，影響力自然會日漸加深。

（原載九十、七、二十《國語日報》教育廣場、十三版）

適時拉一把　飆仔回頭

住在高雄市鹽埕區的十七歲林姓少年，原來喜歡飆車，去年底曾遭警方逮捕，並且依公共危險罪嫌移送法辦，且被鹽埕分局列入約制青少年的名單內，接受輔導。

在輔導過程中，林分局長發現林姓少年本質不壞，如加以規過向善的勸導，未來一定可以成為好青年。在訪談過程中，分局長曉以飆車對本身、家庭及社會所造成的傷害，林姓少年漸漸有所頓悟，保證爾後絕不再參與飆車，更希望分局長能讓他加入分局擔任志工的願望，盼望能以義工身份，勸導仍然飆車的同輩能夠及時回頭。

林分局長經過近二個月的觀察、考核，發覺林姓少年確實痛改前非，努力向上，決定完成他的心願，於日前親自為他頒授義工證、幫他穿上義工背心，正式成為警局一員義工。

未成年的青少年，都有叛逆期，但如果有人適時幫助他們導回與正途，浪子也能回頭，畢竟「孺子可教」的還是很多，這成功案例，值得家長及管教人員參考。

（原載九十、六、二《人間福報》讀者論壇與投書、十一版）

人人都念大學，百利無害

有人說：「這是一個大學生滿街跑的時代。」但每年的大學聯考，仍然有許多人進不了大學，可見如何「使人人都能上大學」的方向，仍是教改可以努力的目標。

也許會有人說：「如果人人都是大學畢業，有些職業及工作便沒有人做了。」這也未必正確。我們就以先進的美國來說，柯林頓政府日前公布的教育報告書中，明確相信美國人應該接受大學教育。他們舉例說明大學教育對個人、家庭和社會都是有利的。大學畢業的年輕人，比同年卻高中畢業的人，平均收入要高出一半。投資在大學教育的經濟利益回收，約爲十二個百分點，是股票市場平均報酬回收率的兩倍。

從美國的統計數字，可以看出「人人都接受高等教育是有百利而無一害」的。美國政府爲了鼓勵年輕人讀大學，採取的措施是一、子女念大學，家庭可以節稅。二、降低學生銀行貸款稅率。三、協助弱勢族群及低收入戶子女入大學。以使人人都有接受高等教育的機會及權利。

亞里斯多德曾說：「教育是廉價的國防。」既然有美國培養高等教育人才的成功例證，我們也可以拿來做爲借鏡，以提升我們國人水準，進而增強國力。

（原載八十九、七、十一《中央日報》教育、十八版）

廣開大學之門，也要嚴控品質

教育部長曾志朗日前表示，計劃在十年內，讓二十五歲以上成人免學歷回大學接受教育，只要有工作經驗及學科能力，即使只有國小學歷，都可以進入大學就讀。

從曾部長所勾勒的藍圖中，我們看到未來「人人都是大學生」，都能得到學士學位，絕對不是夢想，而且競爭激烈的大學聯考，即將成為歷史名詞。

但就教育部不斷讓學院、專校升格的措施來看，不但師資缺乏，甚至學生素質也顯著降低。筆者盼望教育部在敞開大學大門時，也應對學生嚴格篩選，對大學養成教育也應適時把關，使畢業的大學生能維持一定水準，避免只有高中程度的笑柄。

（原載九十、八、十《國語日報》教育廣場、十三版）

大考作文題目靈活，顯見出題老師用心

今年大學聯考的國文作文題目是「一個關於□□的記憶」，是一個相當好發揮的題目，可見出題人員相當用心。每年參加大學聯考都是十八歲左右的青年人，這十八年來，應該有很多生活經驗值得記憶，也可以隨手拈來，得心應手。

從最近幾年大學聯考國文試題的靈活，可見出題老師已了解當下年輕人的心。記得筆者自己當年參加大學聯考的國文作文題目是「先天之憂而憂，後天下之樂而樂」，雖然叫我們要有憂患意識，但總感不脫八股，不夠活潑。

大學聯考短短的一百分鐘內，用較易發揮的題目，考生才會有好文章出現，老師在閱卷時，也不會看到的是在千篇一律枯燥的文章，因此，建議命題老師未來能掌握趨勢，提出更好的題目。

（原載九十、七、六《國語日報》教育廣場大家談教育、十三版）

叫資優太沉重，值得檢討

在教育部委託國立臺灣師大的一項調查中，超過三成的資優生後悔選擇保送大學，五成的人因「資優生」頭銜而感到壓力。七成的人不認為保送有助專業。這項調查充分說明了做為一個資優生的苦惱及無奈。

事實上，在目前國內的校園中，所謂資優生只是一種比較性的，在這一群同學中，也許他的IQ比別的同學高，但他的EQ或到別的同學群中，並不一定是資優了。然而只要冠上資優生的名銜後，有些父母便把它拿來炫耀，甚至自己也因這頭銜「鶴立雞群」，而與同學漸漸疏遠了，讓人有「高處不勝寒」的感慨。

家中有資優生，大部分的父母都會對他們有所期待，希望培養未來的科學家或大人物，因為念大學不用參加聯考，是用保送，未來前途是無可限量的。殊不知，從上述調查中，反而是「資優生」的名詞害了他們，叫他們何等沉重？

西哲斯賓塞曾說：「永遠不要將你的孩子教養成一個紳士或是一個淑女，將他們教育成一個男人或是一個女人。」說實話，大多數人都是平常人，何必用資優將他們壓得喘不過氣來。

讓資優生回復普通學生身分，讓他們自由自在，爲自己未來創造自由揮灑的空間。

（原載八十九、七、十八《中央日報》教育、十八版）

還給奧林匹亞乾淨的空間

一向名聲不錯的奧林匹亞生物科競賽，得獎的高中學生，不但能出國及保送大學，甚至未來前途也很被看好。

從每年有六、七千人報考，只錄取四人的盛況來看，可見奧林匹亞非常受到青年學生的青睞。如今驚爆索賄嫖妓的醜聞，而且又導致高雄縣教育局長因涉案而辭職，並被撤銷奧林匹亞生物科競賽計畫主持人職務，建中某位生物老師，也因此案被記大過一次，可見傳聞並不是空穴來風，不但對奧林匹亞生物科競賽造成了傷害，更讓人質疑主辦者的公信力，教育部應該迅速查明審愼處理，以給國人一個明確的交代。

有人說：「青年人的教育是國家的基石；教育最終的目的是培養人格。」如果從事競賽的計畫主持人或指導老師自己都不正，那又如何能培養出學生優良的人格？如何能讓學生家長鼓勵其子女踴躍參與競賽？尤其傳聞中，學生若想入圍，通過初試、複試，至少要花四十萬元以上，如此，對貧窮的學生實在太不公平，更失去多元入學的意義。

從這次弊案來看，教育部應該使競賽透明化，讓更多的大學來參與，減少人爲操作機會，並設立監察制度，定期對競賽實施抽查、監督，增加其公信力，以還給奧林匹亞生物科競賽一個乾淨的空間。

（原載九十一、三、二十《人間福報》讀者論壇與投書、十一版）

帥來自心中

在媒體上看到「交大帥哥秀」中的十位帥哥，長相斯文，也相當有氣質，也充分印證了歌德所說的「內在美通常比外在美更顯出高貴」一段話是正確的。

一曲「交大無帥哥」，打亂了交大男同學的心情，因此來個「交大帥哥秀」展示交大男生的外型、才藝並不差。總算過程還不算壞，爲「交大無帥哥」做了圓滿結局。

富蘭克林曾經說過：「美的欣賞，是可以意會而不可言傳的；是隨各人心情、志趣、嗜好不同而有所轉變的。」可見美與帥會因角度不同，而產生的看法也各異。

誠如許多大學女生所說：「帥是外型整齊、乾淨爲主，談吐、氣質令人有高雅之感，就更有吸引力了。」這值得X及Y世代的男生們去深思的。

其實「交大無帥哥」只是即興之作，使生活中增加一些調味料而已，不必去認眞。我們只要用大腦去想，那麼大的校園，而且歷史又那麼悠久，怎會沒有俊男美女？

（原載《中央日報》中央公論版）

終身學習樂無窮

民國七十二年，內人帶著兩個孩子赴臺北唸碩士，高雄家中只剩下我一人，白天在工廠中上班，為使下班後日子更充實，就決定報名國立中山大學的推廣教育。我參加的是「企業經理研究班」，每禮拜有兩個晚上上課。這個班的範圍相當廣泛，包括行銷、企管、財務、人事、研發共十四大類，六十七門課程。一年下來，我從未缺過課，畢業後，將所學應用到工作之上也頗得心應手。

我們企業經理研究班，分甲、乙二班，共兩百人，大多是南部企業界的菁英。由於一年多的相處，交到了不少好朋友，大家互相切磋，無論在知識、工作上都使我獲益匪淺。

成人教育是在學習中成長，是一種求知的教育。由於，「不進步就是落伍，要學習才有前途」。為了使自己學習不致中斷，我又加入了高雄市中山企業管理學術研究會、人力資源發展學會，不但有定期書刊，而且有定期演講、研習；像今年便參加了勞委會與中山大學合辦的「敬業專案研習」及「勞資爭議處理國際研討會」，在許多名人、專家、國內外教授的講解下，使我在知識饑渴中大大飽餐了一頓。

由於筆者是學化工的，目前也是中國工程師學會、中華民國火藥學會、中美技術合作研究會的永久會員，不但定期參加會員大會，並且閱讀各種月刊，像工程師學會的「工程」月刊，就是我每月必讀的。

由於閱讀範圍廣泛，以致學習興趣更濃厚，因此每次一進圖書館就捨不得出來，看到浩瀚的書海，更覺得自己太渺小，就下定決心，每天不要浪費一分一秒時間，去多讀、多聽、多寫。每讀到一本好書，聽一場好演講，或者發表一篇好作品時，便感到終身學習樂無窮。

（原載八十三、九、二十二《中央日報》讀者交流道）

王昭慶寫作年表

王昭慶，筆名高雄客，民國三十一年生，南京市人。中正理工學院化工系畢業，民國六十四年榮獲國軍克難英雄，曾任聯勤第二〇五兵工廠副廠長，民國八十二年以上校退伍。喜愛寫作、讀書與擔任志工。作品散見各大報，民國七十六年編輯歷年作品出版「溫馨集」。曾榮獲國軍文藝金像獎音樂作詞類金像獎、高雄市國語文競賽社會祖作文第一名等。曾經擔任高雄市長青綜合服務中心志工團團長、高雄監獄仁德讀書會指導老師；現任高雄市中國文藝協會常務監事及高雄市文藝協會監事等。寫作年表如下：

一、民國四十三年國小五年級於台灣新生報南部版發表「父親」一文，開始創作。

二、民國七十一年榮獲聯勤總部第十八屆文藝金駝獎報導文學類銅駝獎。

三、民國七十六年榮獲聯勤總部第二十三屆文藝金駝獎音樂作詞類銅駝獎。

四、民國七十六年出版散文「溫馨集」。

五、民國七十八年榮獲國軍文藝金像獎音樂作詞類銅像獎。

六、民國七十九年榮獲聯勤總部第二十六屆文藝金駝獎散文類銀駝獎。

七、民國八十一年榮獲國軍第二十八屆文藝金像獎音樂作詞類銅像獎。

八、民國八十二年榮獲高雄市國語文競賽北區社會組作文第二名。
九、民國八十二年榮獲聯勤總部第二十九屆文藝金駝獎音樂作詞類金駝獎。
十、民國八十二年榮國軍獲第二十九屆文藝金像獎音樂作詞類金像獎。
十一、民國八十三年榮獲高雄市國語文競賽北區社會組作文第二名。
十二、民國八十四年榮獲聯勤總部第三十屆文藝金駝獎散文類金駝獎、銅駝獎以及音樂作詞類金駝獎。
十三、民國八十五年，榮獲聯勤總部第三十一屆文藝金駝獎報導文學類金駝獎及音樂作詞類銅駝獎。
十四、民國八十五年榮獲高雄市國語文競賽北區社會組作文第一名。
十五、民國八十六年榮獲高雄市國語文競賽北區社會組作文第二名。
十六、民國八十七年參加中央健保局高屏分局舉辦「全民健保」三週年「幸福又安全」徵文比賽榮獲第一名。
十七、民國八十八年十月三十一日於聯合報「家庭生活週報」版發表「老公獎學金」一文，獲得讀者熱烈迴響。